陶西平先生纪念文集

TAO XIPING XIANSHENG JINIAN WENJI

罗　洁　　　主　编
姚　炜　贾　伟　副主编

教育科学出版社
·北京·

二十世纪五十年代在北京四中就读时的学生照

1973年，陶老抱着女儿陶星与小屯中学学生在
北京动物园合影

1984 年，北京市第十二中学校长陶西平获得全国五一劳动奖章

二十世纪九十年代初担任北京市领导时的定妆照

1998 年全国人大在北京召开座谈会，听取制定
《中华人民共和国民办教育促进法》的意见

2001 年，在中国教育学会与江苏省教育厅、苏州市人民政府等单位于
苏州联合召开的 21 世纪教育论坛上
左起：李吉林、张怀西、顾明远、陶西平、张民生、郭永福

2001 年全国两会期间与刘淇（左一）、徐匡迪（右一）同志合影

2004 年 5 月 19 日，陶老与身边主要工作人员在北京市人大常委会
办公室的合影，左三为本书副主编之一贾伟

2005 年 7 月 28—30 日，在澳门举办的第四届"联合国教科文
组织东亚儿童艺术节"上与中国代表团合影

2006 年，北京市委委托中国照相馆给退休市级老领导拍摄的照片

2014 年，在日本出席联合国教科文组织第 70 届年会期间

2014 年，在纽约出席第 34 届联合国教科文组织协会世界联合会执委会

2015 年 1 月 29 日，出席在联合国总部举办的"中美知名高中校长论坛"

2016 年 2 月 15 日，出席北京市学生金帆艺术团
联合国教科文组织总部专场演出活动

2016 年 2 月 15 日，在联合国教科文组织总部举办的
"中欧知名高中校长论坛"上演讲

2016 年 2 月 16 日，在国外的中小学课堂上

2017年5月1日，出席在瑞典卡罗林斯卡医学院举办的"与诺奖大师对话"活动，左一为本书主编罗洁，右一为本书副主编之一姚炜

2019 年元月，摄于三亚 301 医院

2019 年 5 月 17 日，出席国际人工智能与教育大会并做主旨演讲

2019 年 10 月 1 日，参加新中国成立 70 周年国庆阅兵活动

2019 年 10 月 25 日，陶老在第六届全国中小学校长论坛上做他一生中的
最后一场报告，也是与挚友顾明远先生的最后一次见面

写在前面的话

    陶西平同志离开我们已经一年了。我们无时不在想念他。我仿佛觉得他还没有走。

    一年来，我多次梦见他与我一起参加会议。有一次还说，我搭你的车回家吧。因为我们两人都住在崇文门东大街，我在大街的最西头，他在东头，也可算作邻居了。

    他的离去，实在是教育界的大损失。他既是一位教育官员，又是一位学者；既是教育实践家，又是教育思想家。他对我国基础教育改革提出了许多新思想，他把一生献给了教育。今天来怀念他，大家都会想到他对教育的贡献。

    这本集子是收集了他的朋友、学生所写纪念文章的文集。开卷，我们可以再一次重温他对教育的精睿思想。容形已逝，思想永存！

顾明远

2021 年 4 月 15 日

目 录 Contents

陶西平：坚守教育初心

顾明远① 刘华蓉②

2020 年 5 月 19 日 6 时 57 分，著名教育家陶西平先生在北京去世。他的离去，是中国教育事业的巨大损失，教育界从此失去了一位既有丰富教育实践经验又有睿智理性思维，既有深厚学养又有高尚人格的教育家。

陶西平的一生，是不断追求教育理想、探寻教育真谛的一生，是为人民教育事业努力实践、改革创新的一生。自 1955 年从事教育工作到去世前夕，陶西平一直活跃在教育舞台上，他丰富的教育经验、宽阔的教育视野、敏锐的教育洞察力、高超的大局驾驭力和深刻的教育思想，通过其活跃的教育实践，对中国教育改革发展产生了重要影响。

一、富有远见卓识的教育领导者

陶西平是一位富有远见卓识的教育领导者。他祖籍湖南益阳，1947年随家从南京迁往北京，先就读于志成中学（现北京市第三十五中学），后又考入北京四中。中学时期，陶西平就担任过学生会主席，表现出优秀的组织和领导能力。1954 年，他以华北五省一市文科第一名的成绩被北京大学历史系录取。他将自己优秀的成绩归功于在中学遇到了名师，认为老师对学生的人生影响巨大。

进大学不久，陶西平因病不得不中止学业。1955 年，陶西平成为北京市第九中学教师，这是他从事教育工作的起点，他立志要当一名优

---

① 国家教育咨询委员会委员、中国教育学会名誉会长、北京师范大学资深教授。

② 中国教育报刊社编审。

秀的教师。但在接下来的政治风潮中，陶西平受到冲击，先被发配到农村种地，1960 年开始又先后被调到北京岳各庄小学、小屯中学两所农村学校任教。因为学校缺老师，陶西平教过语文、数学、历史、地理，也教过英语、俄语。直到 1979 年才得以平反回城。

尽管经历了人生挫折，陶西平始终没有丧失理想，他常引用他自己最喜爱的一首诗中的诗句鼓励自己：穿过漫长的岁月，我回来了，还是那颗头颅，还是那颗心……。他说："失败是财富，我之所以没有倒下，是因为在中学时代就树立了坚定的信念。"

"同心同德，兢兢业业，求实创新"，直到今天，每周一的升旗仪式上，北京市第十二中学（简称"十二中"）全体师生都要同呼这一校训。这一校训是陶西平 20 世纪 80 年代担任十二中校长时提出来的，一直沿用至今（在小屯中学任教的陶西平被当时的十二中校长李英威看中，调到十二中，并在 1983 年被任命为该校校长）。

在校长任上，陶西平真抓实干，提倡改革，敢为天下先，把十二中变成了"教育界的小岗村"。自此，倡导改革和创新成为陶西平教育思想的重要特征。

陶西平在十二中努力恢复教育秩序，狠抓教育质量和教师队伍建设，特别是对中小学内部管理体制改革进行了专门研究，借助系统论分析学校内部管理诸因素，提出以整体优化的思想对学校内部管理体制进行改革，在全国率先建立校长负责制、教职工代表大会制和教职工聘任制三位一体的学校内部管理制度，推行领导体制、管理体制和分配体制相协调的学校管理改革。

陶西平在十二中推出一系列首创性举措：建立北京最早的金帆民乐团，在全国率先建立心理教研室，开设形体课、心理课和综合实验课等。为解决办学经费困难，他走出去找市场，承接到香港一家企业西洋参的加工订单，将十二中的"全国第一所校办工厂"发展成"全国效益最好的校办工厂"。

十二中的改革成果受到广大师生、各级领导和社会各界的充分肯定，《人民日报》《光明日报》均在头版做了详尽报道，北京市委、市政府，中央和地方多家媒体也对十二中的改革给予了很高评价。由于改革成果突出，1985 年，陶西平获得全国五一劳动奖章，被评为全国优秀教育工作者、北京市特等劳动模范，被北京市委授予优秀共产党员称号。

今天，纵观陶西平的一生，开放开明、坚持改革、敢于创新，是他作为教育领导者的第一个鲜明特点。他当年所倡导的整体优化、校长负责制、教职工代表大会制、教职工聘任制，为后来众多学校的改革实践提供了范例，其思想至今不过时；他倡导创建的金帆艺术团，后来在北京更多的中小学相继建立起来，至今活跃在校园，甚至走上了国际舞台。

1986 年，陶西平被提拔为北京市教育局局长。在充分调研的基础上，他向市政府提出在全市推进学校内部管理体制改革的建议，继续强调以整体优化的思想指导改革。在他的推动下，北京市分期分批，在试点的基础上全面推进，先后出台推行学校内部管理体制改革的文件，以及校长负责制、教职工代表大会制和教职工聘任制条例等。这些改革在基础教育领域取得了很好的成效。随后，北京市委、市政府又决定在全市高等教育和成人教育系统全面推行这些改革。

今天，纵观陶西平的一生，坚持以理论指导实践，在实践中丰富理论，理实结合，是他作为教育领导者的第二个鲜明特点。在陶西平的带领下，20 世纪八九十年代，北京市学校管理体制改革工作开展得如火如荼，多次召开学校管理体制改革经验交流会。

陶西平不仅是一位实干家，还是一个善于理性思考、勤于总结反思的教育管理者，他将自己的思考与实践写下来，分别主编出版了《启动学校内部活力的理论与实践》（1990 年）、《实用中小学校长工作方法大典》（1993 年）等，并发表多篇文章谈管理改革及如何激发教育活力，如先后在《求是》《中小学管理》等刊物发表《启动教育内部活力》《认真试点 积极推进中小学管理体制改革》《关于学校管理体制改革的思考》《建立学校内部管理的新体制和新机制》等。

推进教育评价改革，是陶西平主政时期北京教育的又一创举，它对推动全国教育评价的改革同样产生了很大影响。陶西平认为，评价是实现管理目标的重要手段。从1986年开始，陶西平主持推动北京市教育科学研究所率先将国外教育评价理论引入我国，借鉴国外理论，开展评价功能、评价体系、评价方法的研究，并将研究成果在北京市试点而后在全国推广。

1987年，北京市召开由各区县主管教育的区长、县长和教育行政部门负责人、教育科研人员参加的北京市第一次，也是全国第一次区域教育评价工作会议。1988年6月，北京市教育局公布试行《北京市中小学教育质量综合评价试行意见》，各区县相继制定了区县评价方案和意见；市教育局相继制定了幼儿园、职业高中、师范学校、特教学校等各级各类学校的评价方案。

根据这些评价方案，北京市建立了各区县和学校自我评价、行政部门督导评价相结合的教育评价体系，在抓办学规范、促素质教育全面实施等方面，取得明显成效。

在北京市改革实践的基础上，1990年，中国教育学会专门成立了教育评价专业委员会，陶西平担任第一任理事长，并连任15年。他所主编的《教育评价辞典》、撰写的有关教育评价的系列文章，至今仍是教育评价工作者学习和研究的重要文献。

陶西平领导创造的北京市教育改革经验，努力探索建立现代学校制度，为我国中小学内部管理体制改革提供了基本框架和实践经验，引起国务院领导和原国家教委领导的重视。北京经验在全国推广，对全国学校内部管理体制改革起到了重要的推动作用。校长负责制、教职工代表大会制、教职工聘任制、评价改革等至今仍是我国学校管理体制改革的主要内容。

今天，纵观陶西平的一生，既善于把握整体，又善于抓主要矛盾、抓重点突破，是他作为一名教育领导者的第三个鲜明特点。抓学校管理改革、抓评价指挥棒，展现出陶西平对那一历史时期教育主要矛盾的把握能力，也展现出其敢为人先、敢啃硬骨头的勇气，以及能攻克重大难题的领导智慧和领导能力。

早在 1987 年，陶西平就支持创办了当时全国第一本专门为中小学管理干部服务的杂志，并担任首任主编和编委会主任，这就是《中小学管理》。他一直坚持为这本杂志撰写文章，发表自己对教育问题的看法和观点，直到去世前半年才因病不得不停笔。其中，影响最大的是2007 年到 2019 年的 124 篇"絮语"。

陶西平既是坚持立足实践的教育领导者，也是坚持不断思考、与时俱进、敢于创新的教育领导者。陶行知先生在《第一流的教育家》中写道：第一流的教育家，要"敢探未发明的新理""敢入未开化的边疆"。"敢探未发明的新理，即是创造精神；敢入未开化的边疆，即是开辟精神。创造时，目光要深；开辟时，目光要远。总起来说，创造、开辟都要有胆量。"陶西平正是陶行知先生所说的这样的一流教育家。他的教育思想和实践是来自人民、扎根于人民的，是服务于国家和人民的。

二、我国教育改革发展的重要推动者

陶西平是中国教育改革发展的重要推动者。多年来，他活跃在国内外教育舞台上，足迹遍布全国以及多个国家和地区。

陶西平对我国教育改革发展的推动，首先在于他领导创造的北京市教育改革经验辐射传播所产生的示范效应。他在北京市创造了在全国具有开创性、示范性的改革经验，如学校管理体制改革、教育评价改革、学校特色建设、可持续发展教育等，这些都影响了全国教育的发展。

陶西平曾经担任国家总督学顾问、国家教育咨询委员会委员、国家考试改革指导委员会委员、教育部基础教育课程教材专家咨询委员会副主任委员等职，并在中国教育学会、中国国际教育交流协会、中国民办教育协会等组织中担任领导职务，直接参与国家教育事业改革发展多项重大决策。他政策水平高，了解实际多，表现出超强的教育思想影响力、教育价值引领力、教育实践领导力，既影响了国家层面的教育决策，也影响了大批教育管理者和普通教师。

陶西平对改革开放以来我国基础教育和学前教育的发展做出了重要贡献。他不同程度地参与了近些年我国基础教育、学前教育领域几乎所有重大文件的制定和重大工作的战略谋划、组织实施，对义务教育、教育现代化、教育公平的推动发挥了重要作用。

从 2003 年开始，陶西平作为专家组组长，主持"区域教育现代化"研究，对全国 20 个实验区进行了长达十几年的持续跟进研究，并完成了评估，为我国教育现代化目标的提出和设计做出了基础性贡献。

陶西平参与《国家中长期教育改革和发展规划纲要（2010—2020年）》（以下简称《教育规划纲要》）的调研、起草，担任国家教育发展战略教育公平组组长，主持完成调研报告和政策建议。担任国家教育咨询委员会委员后，他任义务教育均衡发展组组长，多次带队深入中西部地区进行专题调研，向国家和当地政府提出了许多富有建设性的政策咨询意见。他带队完成的《成都市以城乡一体化推动义务教育均衡发展》等报告，得到国务院领导充分肯定并批示加以推广。

陶西平特别关注教育公平问题。党的十九大报告提出，努力让每个孩子都能享有公平而有质量的教育。陶西平反复提醒，最难的是落实到"每个"，要把每个孩子的成长作为评价目标，使每个孩子都比过去变得更好。他对我国基础教育的重点、难点看得很清楚。2018 年，他提出"改革最终发生在课堂上"，指出学校教育改革不能一味追求"蓝海"、追求办学特色，归根结底还是要重视主战场，还是要集中在"红海"——抓课堂教学改革，这才是学校的主要任务。

陶西平积极倡导推动学前教育立法。2001 年，时任北京市人大常委会副主任的他力推《北京市学前教育条例》出台，这是全国第一部学前教育地方法规。此后，他参与推动国家立法，并多次就学前教育发展提出意见。2017 年暑期，陶西平对一些地方在幼儿园开展半日二部制的做法提出意见：如果再出现更多的半日制园，恐怕就很难让老百姓满意了。他提出，要解决老百姓入园难、入园贵的问题，不能仅靠教育内部努力"克服困难"，以牺牲局部利益或降低质量来解决问题，而是要调动全社会各方面的资源，关心学前教育的发展。比如在城市疏解过程中，政府应加强协调，利用中心城区腾退出来的教育用地（高校、职校等）和培训机构、企业、事业单位办公场地，优先、适量建设一批学前教育机构。

陶西平思想解放，开放开明，是中国民办教育发展的重要推动者和引路人。他曾是《中华人民共和国民办教育促进法》起草领导小组成员，在使用"促进"二字、确定合理回报等关键性问题上，起到了重要作用。2008 年，陶西平与柳斌等发起成立中国民办教育协会，他担任首任会长，团结、凝聚了民办教育界人士，也帮助一大批民办教育机构得到了更加健康快速的发展。

陶西平是中国可持续发展教育的重要开创者。1998 年，中国联合国教科文组织全国委员会委托开展中国可持续发展教育项目，陶西平担任指导委员会主任。该项目通过对可持续发展教育的研究，在全国十多个省、区、市近千所中小学开展实验，深度推进素质教育，并促进了将重视可持续发展教育写入《教育规划纲要》。

陶西平认为，要了解今天的教育，必须重视新技术的使用。他自己也与时俱进，电脑、手机、网络用得很熟练，节日时会亲手制作动态、精美的电子贺卡，通过微信发送给大家。他做报告使用的 PPT 全是自己亲手制作的，各种技巧都烂熟于胸。他建议，信息技术的应用，要把重心放在教师培训上，教师要学会使用技术，也要会用技术促进学生的学习。

江河之大，不避细流。陶西平对中国教育的贡献，不仅在于建言献策、推动立法和政策制定，还在于为众多学校和区域教育提供实实在在的指导和帮助。他指导北京市西城区时，提出以"校校精彩，人人成功"为指导思想，这一思想成为西城区教育坚持的核心理念，该区如今已经成为全国基础教育整体均衡程度最高的教育优质发展区域之一。

2007年，陶西平发表《大家不同，大家都好》一文，倡导中小学要办出特色，这一思想直接影响了北京和全国基础教育的发展走向。2008年，北京市开始抓学校特色建设；后来，全国开始学习北京的相关经验。陶西平多次提出，基础教育应该坚持创新，一线校长和教师尤其要重视微创新。他总是为校长和教师的创新和进步鼓劲。

2019年2月，病中的陶西平还发表了《"四声"课堂文化》一文，充分肯定中国人民大学附属小学（简称"人大附小"）的"课堂四声"，后又写了《"四声"课堂文化　打造优质品牌学校》一文，再次赞扬鼓励人大附小的教育改革。像人大附小一样，受到他鼓励的学校还有很多很多。

陶西平是促进我国教育国际交流的教育外交家。他对扩大中国教育的国际影响力、推动我国基础教育借鉴国际经验进行改革创新，做出了巨大贡献，同时也对联合国教科文组织在中国的工作做出了巨大贡献。他去世后，联合国教科文组织、法国、日本、希腊、俄罗斯、北非、越南、白俄罗斯等国家和地区的教科文组织纷纷发来唁电表示哀悼。

陶西平对中国民间教科文运动发展起到了重要的推动作用。1986年，北京市联合国教科文组织协会率先成立，并代表中国参加亚太地区联合会，是时，陶西平正担任北京市教育局局长。经过逐步发展，1995年，中国成立了联合国教科文组织协会全国联合会，陶西平任主席。5年后，他当选联合国教科文组织协会世界联合会副主席；10年后，当选亚太地区联合国教科文组织协会联合会主席。

中国联合国教科文组织协会先后发起、举办和参加了10届东亚地区和平文化节、5届蓬莱和平文化节、中日韩青年文化节，在推动我国的可持续发展教育，特别是保护环境和资源的绿色发展教育以及文化遗产教育，促进国际教育、科技、文化交流等方面发挥了重要作用。

陶西平善于团结和利用不同力量和资源推动教育发展。他提出"多一个角度，多一块阵地，多一条渠道，多一份效益"。中国联合国教科文组织协会组织开展了大量丰富多彩的活动，组织了大批国内校长师生"走出去"、国外校长师生"走进来"。陶西平常年活跃在国际教育舞台上，是向国外讲述中国教育故事、介绍中国教育经验的"使者"，也是在国外发现值得借鉴之处并将其介绍到国内的传播者。他总能敏锐捕捉到世界各地最新的教育改革信息，并选取到可用的"他山之石"。

一次在瑞士考察时，陶西平询问学校信息技术的投入怎么分配，得到的回答是：1/4 用于硬件建设，1/4 用于软件和资源开发，1/2 用于教师培训。"如果不把 1/2 的钱用来培训教师，前面的钱白花"，陶西平认为，这就是对我们的重要启示。

陶西平认为，教育家的成长与培养要有全球化的视野。教育现代化不是西化，要坚持洋为中用、开拓创新、中西合璧、融会贯通。多元智能理论、可持续发展教育、经济合作与发展组织（OECD）的改革、联合国教科文组织的报告、世界银行的分析，这些原本看起来遥远而深奥的东西，今天已经进入很多中国基层学校，甚至是广大教师的话语体系，这些与陶西平的带动和通俗易懂、生动有趣的介绍分不开。

三、永不放弃教育理想的追梦人

陶西平说：我就是一名教育工作者，顶多算是一名比较认真的教育工作者。

2016 年，陶西平在给北京中关村第三小学的信中说：我们需要更多教育领域的先行者，为圆一个中国梦而奋勇前行。

2019 年 10 月，陶西平带病出席一个校长座谈会，嘱咐校长和教师"不忘教育发展来时路"。

陶西平就是一个不忘教育发展来时路、永不放弃教育理想的追梦人。从直接投身教育改革实践，到退居二线后致力推动教育改革实践，陶西平的一生，是心怀教育理想，永不放弃追寻的一生。在生命的最后岁月里，只要还能走、能写，他都坚持在国内外四处奔忙，笔耕不辍。

陶西平的梦想是实现教育的整体优化，是实现教育公平而有质量，让每一个孩子都进步。他用一生的理论和实践来推动这个梦想变成现实。他的教育理论与实践，具有鲜明的中国特色、创新特色和国际视野，真正称得上"世界眼光，博学睿智"。他站得高，看得远，善于从各种教育生活中发现教育现象，并从中概括出教育智慧。他思路清晰，分析精准，提出的对策建议既务实可行，又有创新突破。

陶西平用自己的胸襟胸怀和高超的领导能力推动着一个个理想变成现实。对不同声音，陶西平坚持"兼容并包，求同存异，团结一切可以团结的力量"，鼓励大家不要陷于争论，要一起谋发展。

陶西平是教育大家，是温厚长者，也是一个热爱生活、乐观积极的人。与他接触过的人，无不被他的人格魅力所感染，被他关心身边每一个人的长者风范所温暖，被他对生活的热爱所影响。他不仅是教育家，还是真正的大才子。他热爱生活，喜欢音乐、摄影、美食，爱北京的炸酱面，也爱西餐。

在母校北京四中向学生演讲时，陶西平勉励他们：一个人不一定要跑得最快，但要做跌倒了爬起来最快的人。

陶西平的一生充满了教育情怀，他把自己完全沉浸在教育生活之中。他说，只有知晓青少年喜欢什么，才能有针对性地做好教育工作。他听孩子们喜欢的歌曲，也会唱很多流行歌曲，还能用俄语、意大利语、英语、日语演唱。在给幼儿园园长做报告时，他会在结束后播放歌曲《最好的未来》，因为他希望中国的学前教育能给孩子们"最好的未来"。

在生命的最后日子里，已无法睁开双眼的陶西平躺在病床上，摸索着在白板上给《中小学管理》杂志写了这样一段话：我的教育追求就是实现教育过程的整体优化。谢谢大家，我还是那颗心。

"我还是那颗心"，陶西平那颗怀着教育理想的初心始终没有变，他追求教育理想的一生值得后人永远缅怀。

（原载于《光明日报》2020 年 6 月 20 日，后被《新华文摘》2020 年第 17 期转载，收入本书时文字有部分调整）

缅怀老友陶西平

顾明远

我和西平同志相识已整整 40 年，近十多年来更是常在一起，许多教育研讨会、论坛的组织者，似乎都有意把我们两人"捆"在一起，常邀请我们同时出席。2019 年 10 月 25 日，第六届中小学校长论坛召开时，我们又见面了。他要在会上做报告，所以，我们没来得及好好交谈，只匆匆说了几句话，他告诉我，他第二天就要住院了。我万万没有想到，这次见面竟成永别。

40 年前的初识

我第一次认识陶西平，是在 20 世纪 80 年代初。当时，我任北京师范大学教育系主任，为了深入教育实际、学习基层经验，我访问了北京市第十二中学，时任校长陶西平向我介绍了"文革"以后学校如何恢复教育秩序、狠抓教育质量、提出"同心同德，兢兢业业，求实创新"的校训等情况。他还介绍了学校为了解决经费困难，办起了校办工厂，为香港一家企业加工西洋参。我看到，学校秩序井然，师生朝气蓬勃。那次访问给我留下了深刻的印象，学校有这样的校长，是师生的幸福。后来，他升任北京市教育局局长。因为同在教育战线工作，所以，我们时有见面交往；再后来，他任北京市社会科学界联合会主席，我们的交往就更多了起来。

在中国教育学会共同工作

中国教育学会是教育工作者的群众性学术团体。学会领导班子成员中，包括全国有影响的教育行政部门的领导和学者，北京市推西平为副会长，从此，我们在学会共同工作了 12 年。西平身处要职，国内外的活动十分繁忙，但他积极参加学会的活动，无论是学会的年会，还是中小学校长大会、各种论坛和座谈等，他都应邀出席做报告或讲话。他做报告，总是认真准备，自己亲自制作 PPT。他的报告视野开阔，高瞻远瞩，理实结合，通俗易懂，常常把国外的见闻融入教育理念之中，每次都有新的观点，给人以启发；而且，他的 PPT 图文并茂，深入浅出，非常受校长、教师的欢迎。我在学会任会长期间，在工作上得到了他的大力支持，至今心存感念。

推动民办教育发展

西平特别支持民办教育事业。他认为，民办教育是我国教育体系的重要组成部分，有利于教育体制的改革。他参与起草了《中华人民共和国民办教育促进法》，担任中国民办教育协会首任会长，为我国民办教育事业的发展做出了贡献。他特别强调，办好民办学校，要做到速度、效率、安全三者的平衡，建设良好的校园文化。他曾对北京汇佳学校、海嘉国际双语学校的工作给予具体的支持与指导；应邀担任圣陶教育发展与创新研究院院长、名誉院长；还任北京明远教育书院学术委员会主任，为书院的发展出谋划策、指明方向。

参与《教育规划纲要》的编制

为了更好地制定《国家中长期教育改革和发展规划纲要（2010—2020 年）》（简称《教育规划纲要》），2006 年 8 月 20 日上午，温家宝总理召开座谈会，我和西平都参加了。经过一段时间的调查研究，2008 年 8 月 11 日，《教育规划纲要》的制定工作正式启动。制定这一规划纲要必须从调研开始，因而有关部门组织了 11 个战略专题组开展调研。我和上海市教委原主任张民生担任第二战略组（即推进素质教育研究组）组长，记得西平担任的是第七战略组（即国家教育发展战略教育公平组）组长。于是，在那之后的两年间，我们经常在国家教育行政学院的校长大厦一起讨论《教育规划纲要》编制中的一些问题。2010年7月13—14日，第四次全国教育工作会议召开，7月29日，正式发布了这一《教育规划纲要》。

深入贫困地区调研

前几年，教育部组织国家教育咨询委员会委员到西部地区调研，我们先后去了云南丽江、四川凉山、青海等地，参观访问了许多学校。有一次，我们到四川省凉山州昭觉县碗厂乡大石头村的小学调研，学校在一个山顶上，上山没有像样的路，我们在一个拐弯处差点翻车。村小只有两间砖房，一个小学班，一个学前班。昭觉县教育局的领导告诉我们，孩子从山下村里上来，至少要走半个多小时的路，学校连厕所都没有，盖厕所围墙的钱还未筹到。西平和我都感到，国家的教育经费应该更多地向农村贫困地区倾斜。当然，这是五年前的事，最近朋友发来照片，那所村小已经建起了新校舍。

西平可谓摄影家，在调研时，他不仅拍摄了师生活动的场景，还捕捉了祖国大好河山的美景。在青海黄河源头，他还为我们抓拍了不少照片，回来后特意放大，并做好镜框送给我。现在，这些照片一直放在我的起居室里，我一看到它们，就想到我们深厚的友情。

支持明远教育基金

1998年，"北京师范大学教育基金会顾明远教育研究发展基金"成立，后设立"明远教育奖"，西平是理事、特邀顾问，也是"明远教育奖"评审委员会主任。他竭尽全力支持基金工作，不仅为基金发展出谋划策，而且认真参加理事会和历届"明远教育奖"的评审工作。近些年来，我看他越来越忙，多次率团出国参加联合国教科文组织总部组织的知名高中校长论坛、北欧知名中小学校长论坛等活动，还率领北京市中小学生金帆艺术团参加国际青少年活动等。2018年，他动了一次手术，术后依然奔波于国内外，不辞辛劳。特别是 2019 年春节前，他从英国回来刚下飞机，又赶往外地参加活动，结果在三亚因肠梗阻住院三个月。我劝他多休息，不能再这样频繁地参加活动。他答应说，2019 年什么活动都不参加了，但第四届"明远教育奖"评审工作一定要参加。果然，8 月 20 日，他带病参加了理事会和评奖活动，着实让我感动。特别令我感动的还有，2019 年 5 月 11 日，我在北京市第三十五中学参加高中教育 50 人论坛，西平知道了，晚上特地赶到三十五中来看我，我们一起在学校吃了朱建民校长亲手做的炸酱面，这是我与他最后一次同餐。我们的情谊，实在难以用言语来表达，他的去世让我悲伤不已。

为了共同的理想

西平是一位政府官员，我是一位大学教师，我们为什么能紧密地走在一起？因为我们有着共同的理想，就是希望我们的孩子健康成长、幸福生活，将来能为祖国做贡献。西平不以做官为业，而是情系教育，与基层的校长、教师打成一片。他是一位真正的专家型的教育领导者。在40 年的交往中，我发现西平真是博学睿智，颇具儒雅风范。他不仅有丰富的教育经验，而且视野开阔、思想深刻，总是站在教育发展的前沿，具有很强的教育领导力。我向他学习了许多东西。他对教育事业的热情和不辞辛苦的奋斗精神，值得我们钦佩和学习。他的逝世是我国教育事业的重大损失。我们只有努力工作，早日实现教育现代化，才是对他最好的纪念。

2020 年 5 月 19 日清晨，听到西平离我们而去的消息，我的内心无比悲痛，仓促中写了以下几句，表达我对他的缅怀与纪念：

祖国情怀，世界眼光，博学睿智，奉献教育终身；

共同理想，交谊四旬，相济相助，泪送挚友仙逝。

（原载于《中小学管理》2020 年第 6 期，收入本书时文字有部分调整）

陶西平：杰出的教育思想者

郭永福[①]

陶西平（1935—2020）先生（以下简称"陶老"）是杰出的教育思想者。每当见到陶老手托下颔的那张代表性照片，我都会情不自禁地联想到法国著名雕塑家罗丹创作的那尊经典雕塑《思想者》。尽管陶老与罗丹塑造的"思想者"所处的时代不同、经历各异，思考的问题也很不一样，但他们都是思想者，这一点是相同的。

一、一位应运而生的思想者

关于思想者，"思想者的足迹"丛书前言有一段精彩的描述："有这样的一群人，曾存在于久远的过去，并将一直存在于未来的世界当中，他们手持怀疑和批判的利剑，癖好寻根问底、秉持理性、挑战权威，不懈地探索真理、揭示本质，他们只是极少数，然而他们却在为所有的人活着。正是极少数的他们，影响着人类文明的脉络走向。"

社会大变动的时代最需要思想者，也最能产生思想者。我国的春秋战国时代和欧洲的文艺复兴时代，都是思想者辈出的时代。我们现在所处的时代也是一个大变动的时代。从世界范围来讲，它正处于百年未有之大变局；从我国来讲，中国特色社会主义进入了新时代，中国的教育事业踏上了新征程。在这样的大变动时代，一方面，国际的竞争越来越聚焦人才的竞争、教育的竞争，教育在经济和社会发展中的地位与作用越来越凸显，我国的教育得到党和国家乃至社会各界的高度重视，取得了举世瞩目的伟大成就；另一方面，人们对教育的要求越来越高，对现

[①] 中国教育学会原常务副会长、编审。

行教育的批评越来越多，教育饱受诟病，思潮竞逐，观点纷呈，教育需要回答的问题也最多。

时代呼唤思想者的引领。它要求思想者透过纷繁复杂的教育现象，揭示教育的本质和规律，总结教育的实践经验，为教育的改革和发展指明方向，引导教育事业沿着正确的道路不断前进。陶老正是这样一位应运而生的思想者。他积极回应大变动时代的呼唤，严肃、深沉地思索中国的教育问题，不懈地探求教育真理，揭示教育的本质。

二、一位富有内涵的思想者

陶老的教育思想丰富多彩，涉及我国教育的许多方面。他的著作、报告和文章金句多多，下面仅就基础教育、教育改革、教育创新、教育家等方面撷取若干与大家分享。

（一）关于基础教育

陶老说，多年来，他主要工作和研究的领域是基础教育，重点研究方向是基础教育整体改革的理论与实践。

首先是如何理解基础教育？陶老认为，基础教育的任务是为孩子切实打好基础。打好什么基础？一是品德基础，为学生学会做人奠基。二是智力基础，为学生做事和继续学习奠基。三是体质基础，为学生一生的生活和发展奠基。他认为，能不能在这三方面都打好基础，最重要的检验尺度就是是否形成了良好的习惯。品德形成的习惯体现为对事物的反应倾向，智力形成的习惯体现为把握问题的思维方式，体质形成的习惯体现为生活和发展的方式，最终都体现在行为习惯上。基础教育的任务就是养成良好的习惯。好习惯的养成就是基础教育最重要的质量标准。陶老认为，我们给未来留下了什么样的孩子，也就给孩子留下了什么样的未来，而基础教育就承担着为未来留下什么样的孩子的责任。他特别强调德育。他指出，要懂得价值比智慧更重要。破解青少年道德教育困境，一是将至虚归于至实，二是将至繁归于至简。陶老出行途中常常播放青少年流行歌曲，他说，只有知晓青少年喜欢什么，才能有针对性地做好教育工作。陶老也特别重视美育。他指出，美育的目标，不仅是培养和提高学生对美的感受力、鉴赏力和创造力，而且是要美化人自身，帮助学生树立美的理想，发展美的品格，培育美的情操，形成美的人格。因而，美育的根本宗旨是培育学生的人格和心灵。他在北京市第十二中学当校长时，就率先在学校成立金帆民乐团，后来任北京市教育局局长，又把它推广到北京的中小学，多所中小学创建了自己的金帆艺术团。金帆艺术团不仅在北京市的学生艺术教育中发挥了重大作用，而且在全国范围内引起了广泛的关注，国外艺术教育界的朋友也给予了很高的评价，它的成功实践在北京教育史上写下了浓重的一笔。

实行九年义务教育是我国的基本国策，公平与质量始终是义务教育要解决的问题，也是陶老特别关注的问题。陶老指出，既要防止盲目追求发展而忽视均衡，又要防止盲目追求均衡而失去发展。没有对薄弱学校的倾斜，就不可能改变长期以来形成的教育的非均衡状态；只有对薄弱的地方多倾斜一点，对处于弱势地位的孩子多偏爱一点，才可能真正推动教育的均衡发展。他针对"知识改变命运"的说法，指出仅有入学机会没有质量保证的教育不仅难以改变人的命运，也使教育难以持续发展。如果我们不能给学生提供适合于他们的不同的教育机会，误把对所有学生进行同样的教育视为公平，那么，就不仅会导致实际结果的不公平，而且很可能导致起点上的、实质性的不公平。他指出，公平与质量是全球教育的共同话题，实现保证质量的教育公平，既充满理想，又充满挑战。这是一条始终伴随着希望又始终伴随着困惑的漫长的路。实现公平不能绝对化。世界上没有一个国家的教育达到所谓理想的公平，甚至都很难说在向着理想的公平前进，多数情况是进两步退一步。陶老指出，办好每所学校，是提高教育质量的根本保证。因此，学区制和集团化的推进一定要不忘初心，那就是为了让每所学校都办得更好。实际上也只有办好每所学校，才是实现教育优质均衡发展和最终缓解择校矛盾的关键，才能让老百姓真正有获得感。

陶老将对基础教育的研究上升到对整个教育的深度思考，进而指出，人永远是目的，永远是全部教育活动的出发点和归宿。在任何情况下，我们都要始终把人作为目的而非手段。陶老认为，教育是科学，教育也是艺术，教育更是一种修炼。教育的真谛永远处在理想和现实的矛盾之中。它要求你有追求理想的激情，又要求你有面对现实的冷静与清醒，你不能希冀一夜之间解决面临的所有问题，必须忠实地、一步一个脚印地向高处攀登。我想，这大概就是教育工作者还有的良心、责任和使命。教育之所以伟大，是因为它可以影响人的一生；教育之所以平凡，是因为每次行动都从细节开始。宏观的理念总是浓缩在一件件教育的小事中。他说，世界上没有理想的教育，但是每个国家在不同时期都会有自己的教育理想。他认为理想的教育追求的是求真、求善、求美。陶老指出，教育是基于情感交流的生命运动，爱是成功教育的原动力，因此，没有爱就没有教育。教师的爱之所以伟大，是因为它是无私的爱、无疆的爱、无痕的爱。教育是情感与理智的结合，是科学与艺术的结合，爱是点点滴滴的，情是实实在在的，正是那点点滴滴渗透的深深的爱，那实实在在融入的浓浓的情，才是教育的真谛，才是教育工作者神圣的追求。他强调，成长比成功更重要。

（二）关于教育改革

新中国成立以来，我国的教育经历了一轮又一轮的改革，因此，教育改革成了陶老特别关注的问题之一。在这方面，陶老有很多论述。他首先指出，近年来，基础教育改革取得了令人鼓舞的成果，许多学校创造了宝贵的经验，而且在教育对象、教育本源、教育宗旨、教育现实等重大问题上达成了许多共识。同时他又指出了改革出现的种种问题及其危害，揭示了产生问题的根源。

陶老指出，当改革脱离实际、排浪式推进时，我们就会违背初衷，造成不良后果，从而使这次改革不得不成为下一次改革的对象。这种排浪式改革的动因来自不同方面，有的来自"一刀切"的决策惯性，有的来自对教育规律缺乏尊重，有的来自教育消费的从众心理。他指出，新中国成立以来，我们的教育改革多次反复，其对教育事业带来的伤害更使我们刻骨铭心。这种排浪式的改革，是教育改革难以逾越的过程，但我们应尽早地告别它，努力消除它的负面影响。他指出，我们常常这样：只要是自己曾经倡导的，就一定要千方百计证明它是永恒的真理，即使事实证明其错，仍要顽固地坚持，以致人们常说"一实验就成功，一推广就失败"，直至换了新人，才有可能通过新一轮改革来纠正。由此我更感到教育事业坚持科学发展的重要。他指出，教育这个系统确实是由相互关联而又相互制约的诸多因素构成的。有时候看起来我们是在针对社会热点问题进行改革，但由于我们对这些问题产生的原因及其相关联的因素缺乏全面的分析，所以只是头痛医头，脚痛医脚，结果是按了葫芦起了瓢，一种倾向掩盖了另一种倾向。一个热点问题缓解的过程，同时成为另一种弊端形成的过程，以致我们的教育政策总是处于不断的摇摆和反复之中。他指出，改革从来都是新与旧的博弈，对旧的或新的全盘肯定或全盘否定，是许多人在博弈过程中经常采用的手法，而正是这种绝对化的态度，常常中途断送本可以持续下去的改革的生命。改革总是继承和创新的统一，总是一个朝着既定的目标，不断克服发展中的缺点，不断解决前进中的矛盾的过程。因此，不可能一蹴而就。有的人在改革的道路上，一遇问题就刹车，甚至由对旧体制的强烈批判一下子转变为对恢复旧体制的强烈呼唤，这很难说是一种严肃的态度。

如何正确地开展教育改革？陶老指出，我们的教育改革是基于时代、目标、问题而展开的，教育改革的内容必然聚焦国际社会的关注点，聚焦我们党和政府以及广大群众的关注点，从而形成教育改革的动向和趋势：更加重视教育公平，更加重视核心素养，更加重视教育过程，更加重视开放办学。教育改革要抓好以下三个关键点：有规矩——严格落实依法治教，有技术——充分应用科学技术，有人——全面提升教师素质。陶老指出，课程问题是学校建设的根本问题，也是关系教育质量的关键问题。积极向上的课堂文化是学生智慧、能力、人格生长的必要条件。改革当然不仅仅发生在课堂上，但可以肯定的是，没有发生在课堂上的改革，不是真正的改革。通过创新课堂教学，促进学生个性化学习，使不同的学生都能打好全面的素质基础，这就是最好的课堂教学。这种课堂教学对教师的专业发展、对达成教育目标具有本源性意义。他力主改革必须发生在课堂上，好课堂应该有笑声、掌声、辩论声。掌声，说明兼具深刻与精辟——有感悟；笑声，说明兼具生动与精彩——有兴趣；辩论声，说明兼具启发与探究——有参与。他强调，我们所进行的每一项改革，都必须是为了进步，而不是为了变化而变化，不能将旧货贴上新的标签，更不能表面抓新，实际护旧。从只看"冷冰冰的分"到关注"活生生的人"，是推进教育改革的有力措施。我们进行任何改革都需要信心、耐心和坚不可摧的决心，对显效相对滞后的教育改革尤其如此。

陶老是基础教育改革的先行者，他在担任北京市第十二中学校长时，就率先进行学校内部管理体制的改革，使学校成为"教育界的小岗村"。

（三）关于教育创新

教育改革不仅要革除旧的教育思想、教育内容、教育方法，而且要建立新的教育思想、教育内容、教育方法。这就要创新。关于教育创新，陶老也有很多论述。陶老指出，面对挑战，全球教育需要创新。教育不应被动地走向未来，而应当主动地创造未来。教育要"面向未来"，就必须倡导教育活动的创新，教育创新是推动教育改革的动力。教育如何创新？陶老指出，当今世界，改革创新已成为教育事业的主题。教育价值取向的多元、教育目标实施途径的多样以及教育政策的多变，要求我们在教育改革创新过程中，必须牢牢把握世界教育发展态势，避免在这个多元、多样、多变的教育环境中出现工具理性和价值理性的背离。"仰望星空、脚踏实地"是当代教育工作者在改革创新过程中应该坚持的原则。仰望星空，就是要视野开阔、兼容并蓄。脚踏实地，就是要坚持实验，知快守慢。多元、多样、多变的时代，挑战着教育的智慧，为所有的教育工作者提供了广阔的研究空间。陶老指出，教育需要理论创新、制度创新，更需要教育工作者在教学实践中创新。创新要做三件事：一是没做过的事，二是不愿做的事，三是不敢做的事。教育创新，无论是观念层面、制度层面，还是方法层面，归根结底是要实实在在地使教育事业的发展得到实惠。先进的教育理念引领正确的教育创新。没有正确理念引导的、随心所欲的、排浪式的"创新"，会使创新的倡导者成为匆匆过客，使创新成果难以融入优秀传统，甚至可能造成优秀传统的断层。基础教育的创新不能只是"加法思维"，必须有加有减，要倡导"精益管理"。陶老特别强调，学校层面的教育创新，当然包括顶层设计的体制性创新，但更多的是微创新。微创新也是生产力，也能创造巨大的财富。微创新看起来小，但它不仅可以丰富教育科学的宝库，而且可能引发我们对教育大问题的突破性思考。时不我待，在教育改革大潮中，每所学校、每位教师都应当勇立潮头，从微创新起步，成为改革者、创新者。教育事业的发展过程是一个创新过程，同时是一个积累过程。扎扎实实的积累和蓬蓬勃勃的创新有机融合，才是教育发展的保证，也才是校长健康成长的保证。陶老指出，技术可以放大杰出的教学，但是再伟大的技术也不能代替平庸的教学。所以，面对信息时代的挑战，教师应该在信息技术整合教学方面成为创新的主力军。

（四）关于教育家

陶老首先指出，教育家是时代的产物。我们可以清晰地听到一个强烈的声音——国家富强，民族振兴，呼唤教育家；学生成长，教育发展，需要教育家！他说，我心目中的教育家有三个重要标志，一是有执着的教育追求，二是有成熟的教育理念，三是有成功的教育实践。我们现在需要的就是这样一批既能在传承中守正，又能在变革中出新的教育家。陶老指出，造就一批教育家绝不是选一批苗子进行专门培养可以实现的，而是要为教育家成长创造宽松的环境。如果校长只是一个执行者，那他就永远不可能成为教育家；如果把一位教育家只放在执行者的位置，那他也就无法展现教育家的本色。不使教育家们被那些无视教育规律、容不得半点不同的"一刀切"式的管理捆住手脚，那才是中国教育家之大幸，当然，更是中国教育事业之大幸。中国目前最需要教育家，也最有可能产生教育家，而且已经有一批教育家从理论和实践结合的角度探索着中国教育改革与发展的道路。每位教育家都有一个自身成长的过程，没有任何人可以去培养另一个人成为教育家。因为教育家不是温室里的花朵，而是迎风斗浪的海燕。教育家都是在发现问题、研究问题、解决问题的过程中，克服重重困难和阻力，经受次次失败与挫折，最终寻找到解决一个或者多个问题的途径，从而引导教育的改革与发展的。教育家可以有乐观的心态，但他们成长的过程不会是一部浪漫史。他们会面对很多的坎坷、很多的指责，甚至很多的痛苦。但是，时代需要教育展现新的面貌，教育家正是理想教育的追梦人。什么是教育家精神？有定力、有创造、有担当，这就是教育家精神。

陶老在学校管理体制改革、民办教育、师资队伍建设、教育评价、教育科研、信息技术教育、未来教育等方面，都有精辟的论述，限于篇幅，这里就不一一列举了。

三、一位毕生追求教育过程整体优化的思想者

陶老的思想不是散乱的、毫无联系的，而是由一条主线串联起来的，这条主线就是"实现教育过程的整体优化"。他的著作《让失败率为零——教育整体改革的思考与实践》（人民教育出版社 2003 年版）比较集中地反映了这一主线。

20 世纪 80 年代初期，陶老读了巴班斯基关于教学过程整体优化的文章，巴班斯基追求教学工作的质量和效益的统一，提出教学过程整体优化的思想，给了他很大的启发。陶老说，我想我们的教育事业不就是充满着提高全民素质与培养优秀人才的统一、积极发展与均衡发展的统一、继承传统与推陈出新的统一、规模与质量的统一、投入与效益的统一、全面发展与因材施教的统一、知识与能力的统一等诸多理想的追求，从而要求实现整体优化吗？陶老回忆说，实现整体优化的思想逐渐成为他思考教育问题和参与教育实践的哲学基础，并指导着他对教育整体改革的探索。陶老从 1986 年担任北京市教育局党组书记、局长开始，

就一直以实现教育过程整体优化作为教育改革和发展的指导思想，探讨基础教育良性发展的教育思想、教育方式和管理方式，推进基础教育的整体改革。这个思想贯穿了他的后半生。据《中小学管理》杂志的领导讲，陶老病危时，已无法睁眼，无法自主呼吸、进食，只能靠呼吸机和鼻饲维持，但就是在这种情况下，他闭着眼睛，摸索着在小白板上为杂志社写下如下这些字："我的教育追求就是实现教育过程的整体优化。谢谢大家，我还是那颗心。"

"实现教育过程的整体优化"，短短 11 个字，有 5 个关键词：实现、教育、过程、整体、优化，缺一不可。第一是"过程"，自始至终，而不仅仅是结果或某一阶段。陶老指出，目前世界各国都开始关注教育过程，我们也必须重视由教育思想支配的教育过程，重视教育过程和教育过程中反映出来的教育思想。因为真正良好的教育效果，存在于正确教育思想指导下的教育过程之中。他说，应试教育与素质教育的重要区别之一，就是应试教育比较重视结果，就是考试的结果。只要你考得好，一切就都好。而素质教育最重要的是重视过程，因为素质教育中内化为学生品质的那些东西是在过程中实现的。第二是"整体"，包括各级各类教育的方方面面，办好每所学校，教好每个学生。陶老强调，要重视整体的关联性研究，使结论更能提供全面与真实的依据，使决策有利于实现整体优化。他不仅关注中小学，也关注学前教育、职业教育；不仅关注公办教育，也关注民办教育；不仅关注学生某方面的发展，也关注学生的全面发展，要求学生要有广博的知识、高尚的道德、充沛的激情、科学的思维、审美的能力、创新的冲动；不仅关注发达地区教育的发展，也关注欠发达地区教育的发展。陶老特别关心贫困地区的弱势群体。他说，实事求是地讲，我们的教育研究和教育政策的制定，我们能够听到的媒体对教育的呼声，还是站在中产阶层的角度上多一些。他说，我躺在病榻上想，我们研究过许多教育前沿的理论问题，进行过许多教育前沿的实际探索，但我们很少想到那些生活在广大农村的普通劳动者，很少关注他们在想什么，他们为下一代做出了多少牺牲。教育研究当然要立足于时代前沿，但我想，当我们在各种讲坛上高谈阔论的时候，是不是应当多一点乡愁？他指出，我们的教育事业仍需树立"到达最边缘"的理想，入学机会到达最边缘人群，办学条件达标到达最边缘地区，因材施教到达最边缘学生，以真正落实《国家中长期教育改革和发展规划纲要（2010—2020年）》确立的战略目标。各级政府和全体教育工作者如果都能以"到达最边缘"为己任，我国的教育事业的改革和发展必将有新的腾飞。义务教育均衡发展是教育机会公平的重要体现，而树立"每个学生都是重要的"的理念并贯穿于教学过程之中，是教育过程公平和结果公平的重要体现，是回归教育的本源，是义务教育均衡发展的重要标志。陶老建议，把"让失败率为零"作为"紫禁杯"优秀班主任的共同口号，让所有学生都在原有的基础上得到发展。他指出，素质教育的任务是要创造适合每个学生的教育，而不是只选择适合教育的学生。第三是"优化"，不仅要优（好），而且要化（成为一种固定的性质或状态）。关键是"实现"，而不仅仅是一种理念、梦想、奋斗目标。

"实现教育过程的整体优化"，多么朴实的一句话啊！它是教育的家常话，但真要做到又是多么不容易！它是陶老为之奋斗一生的教育追求、教育理想、教育之梦，是陶老教育思想的精髓和核心，是陶老一生教育探索的总结，是陶老对教育同仁的最后嘱托，也是我们理解陶老一生教育主张和教育行为的一把钥匙。这句浅显话语的背后，是哲学的表达，是教育的本真。

陶老由于勤于学习，勇于实践，敏于思考，因此能"智如泉涌"，不断有新思想提出。他不唯书，不唯上，不跟风，不媚俗，只唯实，说真话，表现了一位思想者"手持怀疑和批判的利剑，癖好寻根问底、秉持理性、挑战权威，不懈地探索真理、揭示本质"的正确态度。陶老的一生是求索的一生。因此，他的一部自选集书名就叫《沉浸于求索之中》（首都师范大学出版社2014年版）。

陶老直接参与了国家教育事业改革发展的多项重大决策，领导过北京市的教育，担任过好几个全国性教育学术团体的领导职务，指导过很多地区和学校的教改实验，参与过很多教育学术活动和培训活动，长期活跃在世界教育舞台上，因此，他的教育思想既影响了国家层面的教育决策，影响了大批教育管理者和普通教师，影响了全国的教育，也影响了世界的教育。他"为所有的人活着"，"影响着人类文明的脉络走向"。

陶老把一生献给了教育事业，献给了亲爱的祖国，献给了伟大的时代！他的逝世，使我们失去了一位具有丰富教育经验、宽阔教育视野、深刻教育思想和卓越领导能力的教育家。他的思想、精神、品格是留给我们的一笔宝贵的精神财富，永远值得我们珍惜、学习！他的广博、儒雅、谦卑、睿智、和善，永远镌刻在我们的脑海里！我们要继承他的遗志，践行他的教育思想，把他的未竟事业继续推向前进！

愿陶老在天之灵安息！

（原载于《中国教育科学》2021 年第 4 卷第 1 期，
收入本书时文字有部分调整）

他说自己顶多是一名认真的教育工作者

罗　洁①

2020 年 5 月 19 日 6 时 57 分，著名教育家陶西平先生永远地离开了我们。大师远去，痛彻心扉！

云山苍苍，江水泱泱，先生之风，山高水长！

熟悉陶西平的人都知道，他是一位虚怀若谷、谦逊和蔼、平易近人、富有亲和力的老人；一位精神矍铄、思想敏锐、思维敏捷、思路清晰的老师；一位博学儒雅、笔耕不辍、见解独特、造诣精深的教育大家。

我从事教育工作，从某种意义上说，是当年陶校长手把手教出来的。1983 年我大学毕业，时任北京市第十二中学（简称"十二中"）校长陶西平亲自把我从丰台区教育局接到了学校，开启了我的教师生涯。后来，我做了班主任，也当了校长；再后来，担任丰台区教委主任、丰台区副区长；再后来，又担任了北京市教委主管基础教育的副主任……我的成长无不凝聚着陶西平先生的心血，我亲身经历并深深地感受到：陶西平的名字与中国教育改革 40 年紧密相连，他是中国屈指可数的教育实践家、理论家、引领者、领导者。

教育家陶西平一生致力于推动中国教育事业的发展，在破解当代世界各国教育共同面临的问题与挑战方面也做出了巨大的贡献，在明确教育目的、促进教育公平、提高教育质量、提升学校管理水平、加强教师队伍建设等诸多方面皆有重要建树。

回忆过往，先生音容犹在。

---

① 中国教育学会副会长、北京市教育学会会长。

认真的陶校长：引领和推动学校内部管理体制改革

记得改革开放之初，陶西平先生在十二中引领和推动了学校内部管理体制改革的理论研究与实践探索。他提出以整体优化思想对学校内部管理体制进行整体改革，建立校长负责制、教职工代表大会制和教职工聘任制三位一体的学校内部管理制度。此后，这些经验被北京市委、市政府在全市进行推广，对后来全国学校管理体制改革发挥了促进作用。

陶校长领导的十二中的变革是整体性的改革，不仅体现在办学理念、办学方式、育人方式、管理方式方面，还具体到学生的活动、教师的教学等方面。当年的十二中在陶校长的带领下，校办工厂在全市大有名气。尽管那时刚刚恢复高考，但学校坚持学工学农，师生都要定期到加工厂、加工车间、制作车间等参加劳动。

十二中"同心同德，兢兢业业，求实创新"的校训，正是在陶校长时代提出来的。我接过"接力棒"当上十二中校长后，秉承了他的办学理念：首先是坚持同心同德，与全体师生一起为学校高质量、高水平办学努力工作；其次是坚持陶校长提出的"四全"指导思想，即全面育人、全方位育人、全过程育人、全员育人，做到教师教学有特色，学生发展有特长，每个年级、每个班级都有自己的特点。

认真的陶局长：创造众多具有超前和创新意义的"全国率先"

记得陶西平先生在担任北京市教育局局长期间，主持推动了教育评价的课题研究；在北京市范围内研究的基础上，1990 年成立了中国教育学会教育评价专业委员会，他担任第一任理事长，并连任 15 年。陶西平先生主持的关于教育评价的研究是较早将教育评价理论引入中国，并在教育实践中应用和推广的，对全国教育评价研究的开启和发展产生了重要影响，他主编的《教育评价辞典》至今仍是教育评价工作者学习和研究的重要文献。

彼时的陶局长在北京市提出了"三特方针"——学校办学有特色、教师育人有特点、学生发展有特长。他还提出了很多具有超前和创新意义的举措。现在北京基础教育领域有一个响亮的名片——金帆艺术团，就开启于陶局长时代。他强调要重视艺术教育和劳动教育，由此开启了各所学校的金帆艺术团活动，并设立了金帆奖和银帆奖。

陶西平先生一直特别重视教师队伍建设。他在任北京市教育局局长期间，北京市率先在全国实行了特级教师制度，在教师待遇和医疗保障等方面，北京市也走在全国前列。如教龄满30年的教师退休以后可以领取100%工资，就是北京市的一个创举。他说，只有使教师的待遇和社会地位受到全社会重视，教师得到尊重，才能吸引更多的优秀人才进入教师队伍，才能够培养更多的优秀人才。他强调，教育为本实际上就是以教师为本；在教师队伍建设中，应尤其重视班主任队伍建设。为了培养优秀班主任，在他的推动下，北京市设立了班主任奖励制度——"紫禁杯"优秀班主任奖。

陶局长还特别重视农村教育。为了补齐农村、山区教育发展短板，在他的领导下，北京市专门实施了山区教育工程、农村教育工程，这为北京在全国第一个通过"两基"（即"基本普及九年义务教育、基本扫除青壮年文盲"）验收奠定了基础。

此外，北京市教育督导制度的建设，也是陶西平先生在全国率先提出的，北京市在全国率先成立了市教育局督导室。他到北京市人民代表大会工作后，还坚持倡导将市人大的教育督导和北京市教育局的教育督导与学校教育督导、督政督学相结合，进行联合督导。

我调到北京市教委工作后，陶西平先生对我说得最多的一句话是：不管是学前教育还是基础教育，抑或高中教育、职业教育，都要允许它们有各自的发展特色。他提出的"大家不同，大家都好"的理念绝不是一句口号，而是贯穿于整个教育的工作方针和工作思路，是对实际工作的具体指导。

认真的陶先生：一切都是为了孩子们

我记得"借鉴多元智能理论，开发学生潜能的实践研究"是陶西平先生代表中方与美国亚利桑那大学琼·梅克（June Maker）教授于2000年8月签订的国际合作项目，是国内唯一具有签约授权的多元智能（Multiple Intelligences，MI）研究的国际合作项目，它先后被确定为中国教育学会"十五""十一五"重点课题，陶西平先生是课题总负责人。这项研究具有广泛的参与度，在"十一五"期间，又从基础教育研究拓展到职业教育研究，对改变传统的人才观、教育观、学生观、教学观，尊重学生的个性发展，深化素质教育实践发挥了引领和推动作用。

1998年，中国联合国教科文组织全国委员会委托北京教育科学研究院及随后组建的中国可持续发展教育全国工作委员会具体执行中国可持续发展教育项目，陶西平先生担任主任。在他的带领下，该委员会进行了以下几方面的研究：可持续发展教育的时代特色与能力建设，有效推进学校与地区开展可持续发展教育，促进优质教育与深化素质教育，推动将可持续发展教育融入地方与国家教育政策与规划，等等，在全国近千所中小学中产生了深度推进素质教育的良好效果，同时促进了将"重视可持续发展教育"理念写入《国家中长期教育改革和发展规划纲要（2010—2020年）》（简称《教育规划纲要》）。

记得从2003年开始，陶西平先生主持了由中国教育科学研究院督导评估中心组织的"区域教育现代化"的研究，担任课题专家组组长。他们围绕区域教育现代化的途径、区域教育现代化的评价体系等，对全国20个实验区进行了长达十几年的持续跟进研究并完成评估，为我国区域教育现代化的理论研究与实践做出了贡献。

记得陶西平先生积极促进中国民办教育的健康发展。他曾是《中华人民共和国民办教育促进法》起草领导小组成员，参与有关民办教育促进法的全部调研、起草和宣传工作。2008年创建中国民办教育协会，并任首任会长，进行民办教育的理论与实践、改革与发展研究，并且发起成立中国民办教育协会民办教育研究院，为我国民办教育的健康发展做出了重要贡献。

记得教育公平与义务教育均衡发展亦为陶西平先生重点研究的方向。他从 2009 年起参与《教育规划纲要》的调研、起草工作，担任国家教育发展战略教育公平组的组长，主持完成两万余字的调研报告。后来他担任国家教育咨询委员会义务教育均衡发展组组长，进行义务教育均衡发展国家试点的调研与指导工作，得到国务院领导的充分肯定，并得到国务院的批示进行推广。

我还记得陶西平先生长期领导与推动我国民间教科文交流活动。他曾担任联合国教科文组织协会世界联合会荣誉主席，曾任中国教育国际交流协会副会长、亚太地区联合国教科文组织协会联合会主席等职务，搭建了联合国教科文组织协会世界联合会主办的"亚欧教育论坛"等重要教育国际交流平台，为推动我国民间教育国际交流事业做出了重要贡献。

无论是推动多元智能理论的应用，还是组织联合国教科文组织协会的相关活动，陶先生都是为了拓宽校长、教师和学生的视野，使他们从仅仅埋头于现实的教与学中解放出来。对此，他曾提出三点希望：第一是培养校长、教师和学生的国际视野；第二是使校长、教师和学生了解和通晓国际规则；第三是提高校长、教师和学生的国际交流能力和国际交往水平，以及参与国际事务的能力和水平。他说，我们这么做是多一种教育形式、多一个教育渠道，让学生能够全方位感受世界、感受社会，从而提升和完善自己的综合素养。

斯人已去，这一幕幕场景却如同发生在昨天。

让我感叹不已的是，做了这么多的他却对我说过这样一句话：自己就是一名教育工作者，顶多是一名比较认真的教育工作者。

就是这样一位"比较认真"的教育工作者，在教育实践和教育研究领域辛勤耕耘了整整 65 年。他严谨求实、锐意进取、乐于奉献、甘当人梯、扶持后学，为我国教育事业的发展做出了杰出贡献；他严于律己、宽以待人、淡泊名利、博学儒雅、厚德载物，体现了一名模范教育人的优秀品格，展现了一位中国优秀知识分子的精神风貌。陶西平先生的逝世是中国教育界的巨大损失，也是世界教育界的重大损失。我们要学习、继承和发扬陶西平先生的优秀品格和崇高精神，为实现中华民族的伟大复兴而不懈奋斗！

（原载于《中小学管理》2020 年第 6 期，收入本书时文字有部分调整）

陶西平：培育桃李芬芳，奉献教育终身

王渝生①

2020 年 5 月 19 日早晨，教育界传来噩耗，著名教育家，国家教育咨询委员会委员，国家总督学顾问，从事教育工作长达 65 年的陶西平先生去世，享年 85 岁。

陶西平是北京市第四中学（简称"北京四中"）校友，北京市第十二中学（简称"十二中"）的老校长。他同另一位老校长方军燕一起，奠定了十二中作为 20 世纪北京市老牌重点中学的坚实基础，几代十二中人都享受着他们的精神护佑。陶老每年都会回学校给教师们讲一堂课，常讲常新，永远走在教育创新最前沿。他创办金帆民乐团，创立校办企业，推进国际理解教育，强调基本知识和基本能力为重的"双基"教育，为十二中确立了"同心同德，兢兢业业，求实创新"的十二字校训。年逾九旬的老教育家顾明远先生最近回忆道："我第一次见到西平，是在 1980 年。我任北京师范大学教育系主任，为了深入教育实际，学习基层经验，访问了北京市第十二中学。当时西平是该校校长，他向我介绍了学校如何狠抓教育质量，提出了'同心同德，兢兢业业，求实创新'的校训。那次访问给我的印象特别深刻，学校有这样的校长是学生的幸福。"

20 世纪 80 年代是我国改革开放波澜壮阔的时代，当时陶西平四五十岁，年富力强。从北京市第十二中学校长，到北京市教育局局长，到北京市市长助理兼教育局局长，后来到北京市人大常委会副主任、全国人大教科文卫委员会委员，再到国内、国际其他重要教育机构领导职

---

① 中国科学技术馆原馆长。

位，他从来不是让人敬而远之的高官，而是令人仰止、平易近人的教育大家。

他总是深入学校教育教学第一线，调查研究，寻求规律，集思广益，因地制宜，与时俱进，多有创新。他始终是中国基础教育的亲历者、见证者、参与者、研究者和引领者。

陶西平在 65 年的教育实践和理论探索中的主要贡献有以下几个方面。

一是引领和推动学校内部管理体制改革的理论研究与实践。早在改革开放之初，陶西平就在中学提出了以整体优化思想对学校内部管理体制进行整体改革，建立以校长负责制、教职工代表大会制和教职工聘任制三位一体的学校内部管理制度，实现领导体制、管理体制和分配体制相协调的管理体制改革。

二是推动教育评价的理论与实践研究。在担任北京市教育局局长，以及担任中国教育学会教育评价专业委员会第一任理事长并连续任职 15 年期间，陶西平果断地将国际上先进的教育评价理论引入我国，并在教育实践中应用和推广。他主编的《教育评价辞典》至今仍然是教育评价研究者学习和参考的重要文献。

三是借鉴多元智能理论，进行开发学生潜能的实践研究，促进因材施教。陶西平主持中国教育学会"十五""十一五"重点课题"借鉴多元智能，开发学生潜能的实践研究"的国际合作项目，从基础教育研究拓展到职业教育研究，对改变传统的人才观、教育观、学生观、教学观，促进学生的个性发展，深化素质教育实践发挥了引领和推动作用。

四是积极参与促进中国民办教育健康发展。陶西平参与《中华人民共和国民办教育促进法》的全部调研、起草和宣传工作。2008 年，创建中国民办教育协会，后又发起成立民办教育研究院，进行大量的调研工作，为我国民办教育的健康发展做出了重要贡献。

五是区域教育现代化的理论和实践研究。从 2003 年开始，陶西平主持"区域教育现代化"的研究课题，研究方向是区域教育现代化的途径和评价体系。对全国 20 个实验区进行了长达十几年的持续跟进研究并完成评估，为我国区域教育现代化的理论研究与实践做出了贡献。

六是教育公平与义务教育均衡发展研究。陶西平参与了《国家中长期教育改革和发展规划纲要（2010—2020 年）》（简称《教育规划纲要》）的调研、起草工作。担任国家教育发展战略教育公平组组长，后担任国家教育咨询委员会义务教育均衡发展组组长，完成的调研报告实实在在，颇具指导价值。

七是可持续发展教育的理论与实践研究。陶西平担任中国可持续发展教育指导委员会主任，进行可持续发展教育的时代特色、能力建设，以及有效推进学校与地区开展可持续发展教育，促进优质教育，深化素质教育等研究，在全国 10 余个省（区、市）近千所中小学中产生了深度推进素质教育的良好效果。

八是促进国际民间教育交流活动。陶西平长期领导与推动我国民间教科文交流运动。曾任联合国教科文组织协会世界联合会荣誉主席、中国教育国际交流协会副会长、亚太地区联合国教科文组织协会联合会名誉主席等职务，搭建了"亚欧教育论坛"等重要的教育国际交流平台，为推动我国民间教育国际交流事业做出了重要贡献。

10 多年前，我和陶老都参加了《教育规划纲要》的战略研究，经常在研讨会上听到他的高见。《教育规划纲要》发布后，我们因都是国家教育咨询委员会委员，所以曾经一道出差调研和参加会议。我也曾任全国政协委员、教科文卫体委员会委员。我还曾任中国民间组织国际交流促进会副会长、中国联合国协会理事。因工作原因，我有幸同陶老有一些交集，因此能够常常遇到他，聆听他的高论。而每当在他讲话之后发言时，我总要说自己是学数学、搞科普的，对教育是外行。陶老马上说不能这么讲，他说科学与教育是相辅相成的，科学是教育的重要内容，教育本身也是科学，作为《教育规划纲要》研究的专家，国家教育咨询委员会委员，当然是教育的内行！我听了很受鼓舞。

2019 年，我和陶老还在上海一起开会，同桌用餐时听到他事无巨细地询问一些年轻教师的教学、进修情况，还问到这些青年才俊的生活和他们子女上学有无困难的情况，我在旁边听了深受感动。没想到才一年时间，陶老就永远离开了我们。哲人已逝，风范犹存。陶老永远活在我们心中！

（原载于《中国科技教育》2020 年第 5 期，收入本书时文字有部分调整）

沉痛悼念陶主任

郑增仪[①]

2020 年 5 月 19 日上午，得知陶主任去世，我简直不敢相信。在此前不久我给贾伟打电话，希望能去看望陶主任，他说，陶主任住在友谊医院，有护工看护，疫情期间不让探视。我没有意识到他已经病危了。想不到我们最敬最爱的陶主任竟这样快地走了。2019 年 9 月 27 日的聚会竟成了永别，成了我们与陶主任的最后一次见面。

陶主任做人做事皆是我们的楷模，是我们的榜样，陶主任是我们终生仰望和永远学习的先生。我由衷说一声：先生一路走好。

至今先生的音容笑貌犹在眼前，回忆近 40 年与先生的交往，依然历历在目。

80 年代，我在清华附中工作，曾慕名参观学习十二中校办工厂办厂经验，第一次知道了先生的名字。

90 年代初到北京市教育局办事，第一次见到先生，感到这个领导平易近人，没有架子。

1996 年我被调到教育部工作，有幸在一些教育活动和专家咨询会上听到先生的报告和对教育的见解。深深为先生对教育改革的深度解析和渊博的知识所折服。

进入 2000 年以后，与先生的接触更多了。在全国"两基"验收和重大政策调研中，有幸几次都是在先生的带领下，走学校、进课堂、与师生座谈，先生深入细致的工作作风，对问题高屋建瓴的剖析，让我深深折服。

---

① 国家督学、教育部基础教育司原副司长。

特别是先生带领我们开展的"区域教育现代化"课题研究，领着我们走进了二十几个试验区。从调研，提出试验区规划方案，到最终验收，每一个环节，先生都亲力亲为。每次开会，都让我们先讲意见，最后先生总结。先生总能抓住试验区的关键问题，提出中肯的改进意见，既有理论高度，又有很强的操作性。每一次试验区活动，都是我们向先生学习的好机会。说心里话，我们都是在先生手把手的教导下成长起来的。

先生为中国民办教育事业的发展做出了不可磨灭的贡献。在先生的倡导和多方奔走努力下，2008年5月17日中国民办教育协会成立，先生是第一任会长。成立前，先生要我组建中小学专业委员会。在先生的关心下，中小学专委会是民办教育协会成立的第一个二级协会。此后10年，每一年专委会的年会或重大活动，先生都会出席，并做重要报告。每次报告都有新意，从国内到国外，呈现教育改革的最新动态，讲述教育的最新理论和实践，每次大家都感到受益匪浅。

先生不但是我的恩师，也是可敬可爱的兄长。先生对我及我的家庭非常关心。记得2007年我的孩子结婚，我忐忑不安地冒昧向先生提出，能否做我孩子婚礼的证婚人，没想到，先生爽快地答应了，并认真地记下日期。至今先生当年在婚礼上对晚辈的教导和希望，幽默风趣的证婚词，慈祥的笑容宛如昨日，历历在目。

2008年10月底，在西安召开民办中小学专委会成立大会，在开会的头天下午，我突然中风。当晚先生从西安机场出来，一看接机的人中没有我，下意识地感到出事了。得知情况后，先生立即从机场直奔急救中心。当我看到站在面前的先生后，眼泪不由自主地涌出眼眶，禁不住泪流满面，感到亲人来了。正是在先生和西安高新第一中学名誉校长皎秋萍的关心帮助下，我得到了及时救治，也没有留下后遗症。让我感恩终生。

与先生相识、相知的40年，是使我受教，促我成长的40年。

先生的一生是教育的一生、奋斗的一生、奉献的一生。先生是我国基础教育和民办教育改革发展的亲历者、见证者、参与者、研究者和引领者。先生是我做人做事的楷模，更是教导我成长的恩师。先生风范，山高水长；先生恩情，永生难忘。

虽然先生离开了我们，但先生的教育思想，先生对教育的一片赤诚之心，我们会永远铭记在心。我们会继续努力，用我们的一生，去实现先生的教育理想。像先生一样，把我们的一生献给中国的教育事业。

先生安息吧。

陶西平，我成长中的精神导师

马宪平①

　　"陶主任"，我一直都这么称呼陶西平先生，从未改变。我们敬爱的陶主任于 2020 年 5 月 19 日 6 时 57 分安静地走了。国家领导人、全国各地的教育同仁纷纷用不同的方式表达对陶主任去世的哀悼。教育家顾明远为他写下挽联"祖国情怀，世界眼光，博学睿智，奉献教育终身；共同理想，交谊四旬，相济相助，泪送挚友仙逝"。我在想，一个人走了，是什么力量、什么精神、什么人格魅力牵引着大家的心？

　　此时此刻，与陶主任相识相交这些年的点点滴滴尽在眼前，我不禁思绪万千，思念难平……

一、编辑《一路走来》，感悟陶主任的教育思想和教育情怀

　　过去我一直在高校工作，对基础教育了解甚少。1997 年我被调任到市教委所属的北京教育音像报刊总社任社长。北京教育音像报刊总社除了有高等教育杂志外，更多的是面向基础教育的报纸、杂志、音像出版物。其中《现代教育报》《北京教育》都是当时市教委的机关报、机关刊。到总社后，我更多地接触了基础教育的领导、干部、校长、教师。在开会、座谈、调研中，我常听到大家提及一个人——陶西平。我这才知道陶主任在广大中小学校长、教师心目中占有多么重要的地位，他是大家心中的好领导，也是大家十分敬佩的教育家。无论是关于教育思想还是教育观念的创新，无论是国外教育发展趋势还是学校教育教学改革，无论是校长教师队伍建设还是学校管理体制改革，也无论是课程

---

① 中国教育学会教育管理分会理事长、《中国教育学刊》编委会副主任。

建设还是课堂变革……大家都能找到陶主任对这些问题精辟的观点和见解，并以此作为推动学校某项变革的重要依据。于是，我找来陶主任的文章学习、研究，越深入学习，越觉得陶主任是一位真正的教育家，是一位从一线实践中成长起来的教育家。他的文章很少长篇大论，均是篇幅不长的短文，一事一议，夹叙夹议，除了对事件的分析，更多的是他对某一教育问题的深度思考。他的文章联系实际、深入浅出，充满了教育的思辨和深邃。难怪广大校长、教师那么喜爱读他的文章，他的许多话语成了中小学校推进改革的至理名言、金句警句。

后来有幸见到陶主任，听他发言、做报告，对陶主任有了更加深刻的了解。我也利用各种机会和陶主任接触、交流，慢慢地和陶主任有了些深度的交流，从学问学术到工作实践到为人处世，他都使我受益匪浅。我敬佩陶主任的情怀、境界、人品，从他那里汲取了很多思想，提升了对教育问题的认识，获得了促进内生发展的动力。我曾在不同场合表达过，在首都基础教育领域，"教育家"的称号非陶主任莫属，这确实是我的真实想法。

陶主任对北京基础教育有着非常深厚的感情，工作的几十年间，他把全部身心都献给了基础教育事业。2002年年底，在一次和陶主任的交流中，我提出请他为《北京教育》每期写一篇短文，就当前教育的热点难点问题谈谈自己的思考和见解。他思考了一下很痛快地答应了。2003—2007年5年间，《北京教育》为陶主任开设"教育漫笔"专栏，陶主任共发表了60篇文章，其中许多文章都产生了很大的影响力，如《要更加注重教育公平》《教育优质均衡发展的重要保证》《要做爬起来最快的人》《对评价进行再评价》《要带着感情抓好农村教育》等。

因工作需要，那时我兼任《北京教育》杂志社的社长、主编。对我而言，每次编审陶主任的文章，都是一次思想的升华、心灵的净化、境界的提升、情怀的淬炼。2005年，我主动找到陶主任，希望把他这些年在《北京教育》和其他报刊上发表的文章结集成册，供广大中小学校长教师更好地学习使用，我觉得这也是我们教育报刊宣传出版部门的使命和责任。对于我的这一动议，陶主任不仅给予了大力支持，还亲自将这本书定名为《一路走来——陶西平教育漫笔》。书籍出版后，我把新书给陶主任送去，他开玩笑地和我说："今天是一路走来，再有就是一路走去喽。"我写了一篇文章《教育工作者不能不读的一本好书——读〈一路走来——陶西平教育漫笔〉有感》，发表在《北京教育（普教版）》（2006年第6期）和《中小学管理》（2006年第6期）。

二、"名校长工作室是校长们研究和工作的地方，大家互为导师"

2007年年初，市委调我到北京教育学院工作，任党委书记。北京教育学院是一所市属成人高等院校，主要任务是培训北京基础教育领域的干部教师，中心工作简单说就是"两个基地一个中心"，即首都基础教育、职业教育和成人教育的校长教师培训基地和党建研究中心。

我刚到学院不久，正赶上北京一批经验丰富的名校长相继面临退休，而年轻的、有影响的名校长还比较少，北京基础教育急需新的"名校长群体"。为此，北京市委教育工委、市教委委托北京教育学院启动了"北京市'十一五'第一期名校长工作室"项目，我有幸参与了工作室筹备和运作的全过程。

这个"名校长工作室"首先邀请了陶主任等5位知名的教育专家、名校长担任导师，分成5个工作室，在两年的时间里，导师与首期入选担任研究员的26位优秀中小学校长，围绕教育的重点、难点、热点问题展开研究。记得当时向陶主任汇报名校长工作室的研修方案时，陶主任就非常明确地提出，名校长工作室应该是校长们研究和工作的地方，不存在导师和学生的关系，是互为导师，是一个共同的学习团队，是一个研究共同体。这同已往各区县实行的"一名校长带一批校长"的做法有根本上的不同。北京市名校长工作室并不是以五位导师为主，而是强调每一位校长成员的参与。正如陶西平主任所说："名校长工作室是校长们的工作室。"

在陶主任代表直接指导下，北京市"十一五"第一期名校长工作室具有了完全不同于其他名校长工作室的性质定位。这样的定位使这个名校长工作室不再被局限在通常的校长培训的一个层次——高研层次之上的一个层次，而是能够成为校长成长发展的一个更高的平台——校长自主研究与发展的平台。校长不再是被培训者，而是成了自主研究者和自我发展的设计者。陶主任关于名校长工作室的定位也使我们对名校长工作室的内涵、性质、目标有了全新的认识。

为了更好地开展名校长工作室的工作，我们把工作室分成5组，每组由一位导师牵头。其中第一工作室由陶主任带领，研究员包括北京四中刘长铭校长、景山学校范禄燕校长、北京十四中王建宗校长、北京一师附小张忠萍校长和北京朝阳区白家庄小学祖雪媛校长。我主动以"成员"身份全程参与到第一工作室的活动中，这也是我到北京教育学院后深入的第一个研修项目。

在两年近70个工作日的研究过程中，我深深为陶主任的能力和魅力所折服。从他身上，我们经常能感受到一种强大的力量，他的人格魅力，对教育事业的热爱与投入，强烈的责任感和担当意识一次次深深触动了我。他将自身的经验与知识无私地、毫无保留地与校长们共享，体现出一种大爱，一种大的教育观。和陶主任以及几位校长在一起，无论是在工作室内讨论争辩，还是到学校实际调研诊断，无论是共同参加学术会议，还是探讨教育实践中的真问题，对我来说，都是一种特有的精神享受和心灵净化，都是一种力量的集聚和信念的提升。在陶主任的帮助和指导下，几位校长都成长很快，他们总是带着问题来研究，带着思考去实践。陶主任就像一个磁场，把大家紧紧地吸附在一起。他鼓励校长们召开办学思想研讨会，鼓励校长们去高端论坛上发表主题演讲，甚至亲自为校长推荐会议参与交流，鼓励校长们到各类校长研修班中去讲课、阐述自己的办学理念和治校方略，勉励校长们要在实际工作中提升自己的理性思维水平，彰显自己卓越的领导力。两年来，校长们在陶主任的关怀引领下，有了质的蜕变。如今，刘长铭校长、范禄燕校长、王建宗校长都已退休，但他们给学校留下了宝贵的精神财富，他们也还在以不同的方式为教育发展做着自己的贡献。张忠萍校长和祖雪媛校长现已成为北京市特级校长。我想陶主任一定非常欣慰，为曾经一起在工作室共同研究和工作过的研究员的成长和成功倍感骄傲。

三、对《中小学管理》要更多一点关心、关爱和支持

《中小学管理》是在陶主任的直接关怀下创办发展起来的一本刊物。1987 年，北京教育行政学院（后与北京教育学院合并）决定创办一本杂志，时任北京市教育局局长的陶主任敏锐地发现，当时全国还没有一本专为中小学管理干部服务的杂志，于是他将刊物定位为"扎根教育一线的学术期刊"，为全国中小学管理干部服务，并亲自担任杂志的首任主编。杂志成立编委会后，他又一直担任《中小学管理》编委会主任。因工作需要，在职那几年，我也兼任编委会副主任。陶主任对《中小学管理》是真上心，真关心，真关爱，真支持。从创刊号的首篇"发刊语"，到 2019 年第 9 期《在迎接共和国诞生的日子里》，他在《中小学管理》共发文 164 篇，特别是 2007 年开设"絮语"专栏，每月一篇文章，影响很大。杂志原主编沙培宁在缅怀陶主任时写道："对杂志社的同仁而言，有'主任'在，我们心里就踏实，就清亮，就暖和……，他不仅在杂志社发展的每一个关键时期都为我们掌舵、导航、撑腰、解难，而且关注刊物每一期的内容和常态化的发展。当我们偏离办刊方向时，他批评、提醒；当我们干得漂亮时，他鼓励、点赞。每到一地、一校，走进图书馆、阅览室，他总要看看那里有没有《中小学管理》。记得好几次，他都兴奋地告诉我：我在某某偏远山区学校、某某国家的图书馆看到咱们杂志了，并把他亲自拍的照片发给我们。"

《中小学管理》属教育出版单位，为事业单位编制，改革的路究竟应怎么走？这是杂志社全体同仁共同关心的一个问题。有些同志看到形势变化，提议要力促《中小学管理》转制为企业，这给杂志社的工作带来一定的困难，也给职工的思想带来一定的波动。我曾在北京教育音像报刊总社工作多年，对此类问题是深有感触的。《中小学管理》杂志

作为教育出版单位具有很强的意识形态属性，具有特殊性，我们面向的是学校校长和教育管理者，是很难有很大的发行量的，也无法与社会类、时尚类的《家庭》《读者》《知音》等杂志去比较。对这样的教育类优秀期刊，我始终认为应有不同的政策，更多地应是扶持其发展，而不是尽早推向社会，任其自生自灭。对杂志的转制我们也应格外慎重，有许多问题需要做深入的解释和统一思想的工作。有一段时间，我感到工作难度较大，也感觉事情确实有些棘手。就在这个时候，陶主任给我打来电话，他告诉我，任何事物都要用两分法来看，改革也是一样，既要看到积极的一面，也要看到可能带来的消极的一面。对有些改革举措，有时需等等看，面对复杂的情况，有时需保持一些冷静、淡定。有时，稳一稳是为了更好地前进。《中小学管理》从创办到今天很不容易，得到全国中小学校长的认可更难能可贵。希望北京教育学院领导对《中小学管理》要更多一点关心、关爱和支持，对涉及杂志生存发展的一些举措要格外审慎。陶主任的电话更坚定了我对《中小学管理》下一步改革发展的基本思考，通过工作也初步统一了大家的思想，保证了杂志社稳定健康发展。

如今，《中小学管理》杂志越办越好，被中国人民大学书报资料中心《中小学学校管理》全文转载量连续 16 年居首位，2019 年又被南京大学中国人文社会科学综合评价研究院选入 CSSCI 扩展版来源期刊目录，学术影响力与日俱增。我相信，陶主任关心、关爱、支持了几十年的《中小学管理》一定不会辜负他老人家的厚望，会努力在教育期刊的方阵中勇立潮头。

四、聚集在陶主任身边的"区域教育现代化"课题组专家团队

2003 年，陶主任主持中央教育科学研究所（现中国教育科学研究院）"区域教育现代化"研究项目，担任课题专家组组长。从那以后，在他身边就聚集了一批既有理论工作者又有实践工作者的专家团队。这里面，有在部里工作的公务员，有在高校和教科研单位工作的学者教

授，有地方的教育局局长，还有在媒体工作的记者。刘芳、郑增仪、张
强、汪大勇、赵小雅、刘元刚、唐京伟、周坚、朱振德、邬向明、李秉
中、黄觉、林可夫、张志坤、熊晓武等都是专家团队的骨干成员。大家
在陶主任的带领下，深入全国地方市县，了解教育发展中的困惑和问
题，寻找教育现代化发展的破解之道。这是一支志向相投、立志干事的
团队，特别是陶主任的人格魅力吸引着大家聚集在他的身边。在这里，
不分级别大小，不论职位高低，大家为了一个共同的志向走到一起。

我是 2007 年在和刘芳主任聊天时得知有这样一个专家团队的，当
时我就提出申请，后经陶主任同意，我正式加入这个团队。我可能是最
后一位进入团队的成员了。在以后几年的项目活动中，我学到了很多东
西，对不同地域的教育发展有了更深刻的认识，对我国大国办大教育、
穷国办大教育的现实有了更深刻的认识，对区域教育现代化发展也有了
较为清晰的认识。在随陶主任和其他专家一次次深入地方的过程中，我
为陶主任的教育大情怀而感动。每到一处，他都要看学校，不但要看地
方名校，还要看比较薄弱的学校；每到一地，他都要和当地的校长、教
师深入交流，和地方领导积极沟通，他总能开门见山地亮出问题，开诚
布公地发表真知灼见，真诚智慧地提出应对策略。和陶主任在一起调
研、开会是一种享受，你总会被激情所牵引，他对教育的赤诚之心始终
如一，对教育的智慧光芒始终闪烁，就像一盏明灯高悬，照亮我们前行
的路。

"区域教育现代化"课题结题后，我们专家团队并未散去，大家仍
凝聚在陶主任身边，始终如一。我们聚是一团火，散作满天星。不管在
岗还是退休，我们都保持着经常的联系，就连微信群也是陶主任给起的
群名——"在一起"。外地哪位同志来京了，我们总要一起聚聚，共叙
友情；参加一些调研，我们又走到一起，共同出主意、想办法……

最难忘的是 2019 年 9 月 27 日，郑增仪和陶主任联系，说大家想念
他了，能不能一起坐坐聊聊。那时，陶主任还在友谊医院住院，但他十
分愉快地答应了。他中午赶到崇文门与我们见面。见到陶主任，大家都

很激动，陶主任明显瘦了，我们心里都为他的健康担忧，但他却谈笑风生，讲海南经历，谈国庆大典，这使我们紧张的心情迅速放松下来。谈到即将到来的中华人民共和国成立 70 周年天安门盛大的国庆阅兵，他说自己还要参加，考虑到陶主任的身体情况，我劝他量力而行。陶主任却对我们缓缓说道，1949 年新中国成立时他还是个中学生，"十一"那天，他和同学们在国庆游行的队伍中走过了天安门；今年 70 周年大庆，他还是希望自己能在观礼台上见证共和国的庆典和祖国的强大。我知道劝是劝不住的，只是真诚祈愿他身体好好的。国庆节那天，陶主任坚持着参加了国庆庆典的全过程。

那天，我们和陶主任集体合影，每个同志又分别和陶主任单独合影。没想到，这竟是我们和陶主任的最后一次合影。

五、仁爱宽厚、善良慈祥，人性的光辉永照人间

陶主任官至副部级，又是教育界的大咖，但我在他面前从不感到拘束和压抑，有什么问题总是想向他求教，有什么困惑总是想向他倾诉。我相信许多同志和我的感受是一样的。高山景行，陶主任人性的光辉和人格的力量使他拥有众多的崇拜者与追随者。

"陶西平严于律己、宽以待人、淡泊名利、博学儒雅、厚德载物，体现了一名模范教育人的优秀品格，展现了一位优秀中国知识分子的精神风貌。""陶老为人和蔼可亲，沉稳大气，清明通达，要言不烦，有古人君子之风。陶老虚怀若谷、富有亲和力，总是以他高瞻远瞩的思想引领我国教育界与时俱进，也以他的人格魅力感召和激励着周围每个人。""作为领导，他豁达明智、善解人意、关心下属、铺路搭桥；作为学者，他见识广博、思想前瞻、博采众长、洞见深刻；作为师长，他宽厚待人、言传身教、循循善诱、指点迷津；作为朋友，他胸怀坦荡、慈悲心肠、真诚以待、君子之交。"众多专家学者这样评价陶主任。

陶主任是一个真诚的人，是一个睿智的人，是一个重情重义的人，是一个慈善的人，是一个值得人们信赖和尊敬的人。不管是对高层领导

还是对普通教师，他都善解人意，坦诚相待，助人成功。

20世纪八九十年代退休的各区县教育局老局长一谈起陶主任就非常激动。是他力排众议，为这些老局长解决城里的住房问题；是他每到春节前夕，都要把老局长们召在一起，叙叙旧情，谈谈未来，互诉衷肠；谁家孩子多大了、做什么工作他都记在心上。

对老领导、老同志他十分尊敬和惦念。《北京教育丛书》的老主编姚幼均老师早年参加革命，新中国成立前是学校地下党党员，后年事已高，陶主任总忘不了去看望她老人家；我们学院温寒江老院长年近90仍坚持搞教育科研，支持学校一线课堂改革，陶主任总是想尽办法给予支持；林慈院长子女均在国外，生活自理有困难，陶主任亲自与民政局领导联系，帮他住进了养老院……

对青年同志他更是热情帮扶，助力成长。北京市许多校长谈起陶主任对他们成长的帮助都热泪盈眶。陶主任一次次到学校实际指导，一次次与校长面对面提携引领，一次次为校长发展助力站台，一次次深入课堂评课指导……

在工作与生活中，我也多次得到陶主任的指点和帮助。2015年年初，我从领导岗位上退下来，找到陶主任交流思想。他告诉我要力所能及地发挥优长，为教育事业实实在在做点事。他希望我充分利用担任中国教育学会教育管理分会理事长的社会兼职，努力推进中小学的学校变革和教育治理现代化。几年来，我遵照陶主任的教诲，积极参加教育部相关学校管理文件的研制，积极推动教育管理科学研究，创建各种平台促进教育管理科学的学术交流和学术繁荣，为我国基础教育学校治理现代化尽一份力量。我也发挥专业优势，力所能及地为教育发展做点实事。

惊闻陶主任去世，我久久难以平复悲痛之情，在朋友圈里我写下这样一段话：陶主任一辈子把全部身心都献给了基础教育事业。他信仰坚定，始终对中国特色社会主义和中国教育发展拥有无限的信心与豪情；他锐意改革，在教育改革大潮中勇立潮头，敢于实践；他思想睿智，透过现象看本质，对教育的热点、难点问题总是分析得入情入理、入木三分，让人折服；他人品高尚，平易近人，领导者的风范和长者的慈祥集于一身。陶主任是我最为敬佩的一位教育家，是我最为尊敬的长者，也是我成长中的精神导师。

陶主任永远活在我们心中。陶主任千古！

2020 年 6 月 4 日

尊师·惠师·强师
——陶西平先生与首都基础教育师资建设

李　方①

2020 年 5 月 19 日 6 时 57 分，著名教育家陶西平先生病逝。几个月来，教育系统的同仁们深切缅怀教书育人堪为师表、教育行政锐意创新、师资建设躬行奉献的陶西平先生。陶西平先生曾担任北京市教育局局长、北京市市长助理、北京市人大常委会副主任、全国人大教科文卫委员会委员、中国教育国际交流协会副会长、中国教育学会副会长、北京市社会科学界联合会主席、国家总督学顾问、联合国教科文组织协会世界联合会副主席等职。在首都教育现代化与教师专业化发展历程中，从政策法规的研制，到师资服务保障体系、研修机制、培训基地的建设与完善，国内外师资交流平台的搭建，直至促进教育家成长的生态环境的营造，他都以其突出的实践业绩与理论建树，铸刻成当代中国教育史的卓越丰碑。而首都广大中小学教师更愿意把陶老看作知心的益友、睿智的良师、真诚亲和的领导。他的离去留给人们的是对往事无尽的追思与追念。

一、尊师重教：春风化雨润师心

我与陶老相识于 20 世纪 80 年代。

1986 年 5 月 6 日，北京市青年教师"理想之光"报告会在劳动人民文化宫正殿举行，大会发言的三位青年教师代表分别是：1982 年北

---

① 北京教育学院原院长、教授，教育部教师工作司全国中小学幼儿园教师培训专家工作组组长。

京师范大学历史系毕业，放弃国家人事部岗位回母校北京师范大学实验中学任教的陈伟华（陈云同志的女儿）；1984年北京师范大学化学系毕业，让出研究生推荐名额主动到北京市第一三三中学执教的邢京娜；在朝阳区中学当老师的我本人。报告会最后由到任不久的北京市教育局局长陶西平做总结发言。他用亲身经历现身说法，勉励青年教师热爱教育、立足课堂、终身从教。

这虽是我第一次现场聆听陶局长讲话，但对他的事迹早有耳闻。20世纪80年代，我国正处在改革开放初期，北京市中小学师资紧缺且流失严重。而此时北京市第十二中学教师享有"三订一建"（订报纸、订牛奶、订期体检、建教工宿舍）福利的消息在北京很多基层学校不胫而走，该校校长的能力与业绩也有口皆碑：从乡村学校调到市重点中学，课教得棒，没两年（1983年）就被任命为校长。上任后办学治校与创办校企双管齐下，组织师生开展生产实践，蜡封包装中成药转口香港，既培养师生劳动技能，又创造改革开放红利，以此改善办学条件和教师待遇。学校有能力自建宿舍稳定了教师队伍，而他本人仍身居陋室，及至调任北京市教育局局长（1986年）依然如故。这位能人就是陶西平。

陶局长上任后，对教师队伍建设的管理理念是不仅要留住青年教师，还要培养骨干教师。他是在当时条件下拓展在职教师专业发展路径的设计者，得到北京市分管教育的陈昊苏副市长的大力支持。一年后，北京市政府与北京大学合作，选送中学语文、数学、物理三个学科各10名青年教师赴北京大学攻读硕士研究生课程。我又成为亲历者与受益者。

从局部到全局，陶局长殚精竭虑：如何稳定全市基础教育师资队伍，如何激发各级各类学校的动力与活力，唯有推进中小学内部管理体制、分配制度与激励机制的改革。1988年，北京市全面启动基础教育学校管理体制改革，政策准、力度大、步骤稳、效果实。同年12月，陶西平局长到北京教育行政学院做"关于北京市中小学教育体制改革的几个问题"的报告，为市、区、县教育行政干部和中小学校长解读改革举措与相关政策。20多年后回顾这次大刀阔斧、成效斐然的改革，陶老谈吐间却是云淡风轻："我任北京市教育局局长的时候，做了两件比较大的事。第一件事是为了加强学校的内部活力，推进了学校内部管理体制改革。当时的背景是，由于学校的教育经费投入相对比较少，教师的待遇相对比较低，所以整个学校内部的活力比较差，教师流失比较多。针对这种情况，我们提出实行校长负责制、教师责任制和结构工资制等一系列改革措施……。第二件事是在加强学校内部活力后，把已经调动起来的学校与教师的积极性引导到教学上来，引导到课堂教学上来，引导到课堂教学的改革上来。要推动这'三个引导'的实现，需要有一个指导性的文件。我当时就把制定《北京市中小学学科教学指导意见》的工作交给了北京教育学院……。我认为，这个指导意见是在全国第八次课程改革之前，比较完整的引导学科教学改革的一次努力。指导意见的制定者对各学科教学的现状做了比较深入的调研，对以素质教育为核心的教学改革的方向做了研讨，对教学内容、教学方法的改革提出了许多指导性意见。这对从20世纪80年代中期进行的学校内部管理体制改革，转为80年代末90年代初以提高教育质量为核心的学科教学改革，发挥了指导性的作用。"

履新北京市教育局局长，宏观公务与微观事务千头万绪，往往"剪不断理还乱"，但陶老为什么要下如此大的决心、克服如此多的困难、担负如此大的责任甚至风险，锐意改革突破教师队伍建设的"瓶颈"，从整体上稳定基础教育师资队伍、改善基层学校的教师待遇和工作与生活条件呢？因为从在北京市第九中学初登讲台，又到岳各庄小学、小屯中学再到十二中，丰富的中小学教师职业经历酿就了他对教师深沉的爱，对"百年大计、教育为本、教师为重"的笃定认知。

陶老从十二中调到北京市教育局的情景，老师们至今记忆犹新："记得先生到任北京市教育局局长时，是从十二中的教室里而不是他的办公室里出发的。当时，学校正在开展每学期一次的教育教学基本功展示活动：德高望重的老教师每人上一节示范课，中年教师每人上一节展示课，青年教师每人上一节献优课。听评课活动搞得轰轰烈烈。教学人员、主管教育教学的各位领导都参与其中。陶校长带头，听所有学科的课，听了就评，点点到位，句句中肯。有一位年轻的数学教师因为陶校长没能听上她的课，急得直掉眼泪。大家都愿意请陶校长听自己的课，最愿意听他的点评。有的教师形象地说：'听咱校长评一课，胜教十年书啊！'"

时任北京市教育局办公室主任的章家祥回忆：接陶西平同志到市局上任，到他家看到的是仅有 8 平方米的小房。丰台区分配的教师房、学校自建的教职工宿舍都被他让给了老教师。到学校看到的是满操场为陶校长送行的教师。而从此，位于西单的教育局机关就成了新局长的"家"，伴随着日月星光，寒暑易节，陶局长在办公室不知度过了多少工作的日日夜夜。

从个性鲜明的教师、校长，转换为首都教育行政的决策者、教书育人实践的领导者，透过其专业身份的变换，可以看到特殊时代的风云际会、真切深刻的职业生涯体验、淳厚质朴的教师本色、宏谋远虑的领导智慧，特别是融入生命的专业理想追求，这些都为教育家成长奠定了坚实敦笃的人生根基。顾明远先生在追忆多年共事的老友时，就谈到曲折艰辛的从教经历对陶西平教育情怀的熔铸：1948 年考入北京四中，不仅学习优秀，还表现出优秀的组织和领导能力，曾担任过学生会主席。1954 年，以华北五省一市文科第一名的成绩被北京大学历史系录取。他将自己优秀的成绩归功于在中学遇到了名师，认为老师对学生的人生影响巨大。进大学不久，他因为生病不得不中止学业。1955 年，病愈后立志要当一名优秀教师，北京市第九中学是他从事教育工作的起点。但在接下来的政治风潮中，陶西平受到冲击，先被发配到农村种地，1960 年才又先后被调到岳各庄小学、小屯中学两所农村学校任教。因为学校缺老师，陶西平教过语文、数学、历史、地理，也教过英语、俄语。直到 1979 年得以平反。

教育大家彼此赏识而又认识默契。对教育家精神，陶西平也有过如下诠释：有定力、有创造、有担当，这就是教育家的精神。教育家可以有乐观的心态，但教育家成长的过程不会是一部浪漫史。他会面对很多的坎坷、很多的指责，甚至很多的痛苦。但是，时代需要教育展现新的面貌，教育家正是理想教育的追梦人。

2008年11月12日，北京教育学院与中国教育学会、北京市社会科学界联合会（简称"北京市社科联"）等联合举办"温寒江教育科研三十年研讨会"。温寒江是著名教育家，先后任北京四中、北京八中校长和北京教育学院院长，持之以恒研究思维科学、脑科学、学习科学、教学法与教师学。陶老莅会，以多重身份——温老的学生、同事、中国教育学会副会长、北京市社科联主席——发表感人至深的讲话："50多年前，我在北京四中高中毕业时，温寒江老师就是北京四中的校长，他先后领导过几所享誉中外的学府。后来，他又多年从事教师教育工作，为北京市的中小学培养了一批又一批优秀的教师。他就是在这样深厚积淀的基础上，在长期从事教育实践的过程中，提出问题、进行探索、开展科学研究的。因此，他既不是单纯的理论家，又不是单纯的实干者，而是一位在理论与实践相结合的基础上构筑学术殿堂的建筑师。"

由典型的代表性到规律的普遍性，知人论世背后深含着陶老对教育家的思考："教育发展的历史表明，社会转型期需要我们回答的问题最多，所以涌现教育家也最多。处于社会转型期和教育转型期的中国需要教育家，也有可能产生杰出的教育家。温老师就是回答了许多带有根本性的教育问题的教育家。"

倡导教育家办学，意在回答人才培养与造就大国良师的时代命题。北京市另一位全国优秀教师、北京市第二实验小学霍懋征老师，其教书育人的先进事迹、教育教学的杰出贡献，先后得到周恩来总理、温家宝总理的肯定与赞扬。2010年2月，霍老师病故。陶老倾心助力当代教育家的事迹、经验和思想能得以深入研究、推广、发扬光大。他为成立北京霍懋征教育思想研究会四处奔波，先后联系教育部、民政部，北京市教委、西城区教委及北京教育学院，亲自协调解决诸多困难，最终促成研究会于 2011 年 9 月成立。

从北京四中到北京大学，从北京九中、岳各庄小学、小屯中学到十二中，从北京市教育局到联合国教科文组织协会世界联合会，陶老身为教师、服务教师又培育教师，用生命与品格镌刻了高山仰止的师德风范，谱写了一代教育家的经典史传。然而，陶老却用朴素的语言对自己做出如下白描："我就是一名教育工作者，顶多算是一名比较认真的教育工作者。"

二、惠师赋能：致知力行益众师

教育现代化与教师专业化是相辅相成的有机整体。教师专业化是教育现代化的关键要素和人力资源支撑。然而 30 年前，教育界对教师专业化的认识并不清晰，也不到位。记得陶老在不同场合多次讲述过中学时代亲历的往事，以唤醒人们对教师专业建设的重视。

20 世纪 50 年代，北京四中保留着优秀高中生做初中班级辅导员的"导师制"传统。升入高中的陶西平在兼作初中生"导师"时，经历了一场"初中班学生要求撤换老师的风波"。他深入调查，摸清了原因：一是数学老师刚从厦门大学毕业，因缺少经验，不擅做班主任，把好端端的班带成了乱班；二是这位老师讲课闽南口音重，学生听不懂，教学效果差。经过陶学长耐心细致的思想工作，"风波"平息，之后他本人也从高三毕业考入北京大学历史系。一段时间过后，他再回母校，却得知这位数学老师"被调离"。斗转星移，直至 70 年代末作家徐迟发表报告文学《哥德巴赫猜想》，人们才得知：离开北京四中教学岗位的青年教师，竟然是厦门大学数学系高才生陈景润。1953—1954 年，在北京四中任教"因口齿不清，被拒绝上讲台授课，只批改作业"。1956年，陈景润"停职回乡养病，被调回厦门大学任资料员"，经数学家熊庆来、华罗庚举荐，又被调入中国科学院数学研究所，历经刻苦攻坚，提出"陈氏定理"，被国际数学界公认为是对哥德巴赫猜想研究的重大贡献。

显然，数学家≠数学教育家。胜任中小学带班与教学，需要具备教师专业知识与技能。透过亲历的往事，陶老清醒地意识到在教育现代化大趋势下，在职教师继续教育的重要性。作为"认真的教育工作者"，他孜孜探索、勇于开拓，不断完善中国特色教师专业发展之路。

首先，在教师继续教育制度设计层面。

20 世纪 80 年代后期，北京市中小学教师学历补偿教育任务基本完成。为加快北京市基础教育发展，1986 年，北京市教育局首次提出对全市中小学教师开展继续教育，并于 1987—1988 年组织相关的调研论证。1989 年 7 月 28 日，北京市教育局和北京市科技干部局联合颁布《北京市中小学教师继续教育暂行规定》，"对全市学历合格的中小学教师进行提高政治思想素质、补充更新知识、提高教育教学能力的教育"。该文件的颁布实施是北京市师资培训工作的重要突破，对全国中小学教师继续教育具有开创、示范和引领作用。其历史意义在于：该文件是全国第一个中小学继续教育的地方性法规文件。自此，北京市在全国率先实行中小学教师继续教育制度；第一个制定出较为完整的中小学教师继续教育的教学计划、教学大纲及继续教育管理办法，对继续教育的内容、形式、实施、管理及制度建设、政策保证等方面都做出了明确规定，形成基本符合北京市中小学教师队伍实际需要的继续教育制度，反映了对北京市中小学教师继续教育新体系的整体构想。全市中小学教师继续教育全面展开，标志着北京市中小学师资培训工作在全国率先进入以继续教育为主的新阶段。

1993 年《中华人民共和国教师法》的颁布和 1995 年国务院《教师资格条例》的颁布执行，标志着教师继续教育在全国范围内纳入法制化轨道。1995 年，北京市人大常委会颁布《北京市专业技术人员继续教育规定》，明确提出专业技术人员（其中教师是最大的专业群体）每年要参加不少于 72 学时的继续教育学习。1997 年 4 月，北京市教委颁布《北京市中小学教师"九五"继续教育工作的意见》和实施的配套文件，以及各层次各学科继续教育课程指南，以满足不同岗位教师专业发展的需要。

这一时期，陶老先后任北京市教育局局长、北京市市长助理、北京市人大常委会副主任。陶老既是倡导此举的政策研制者，也是落实举措的责任主体。在关注继续教育制度建设的同时，他对完善北京市、区（县）、校本三级培训体系与运行机制给予高度重视，并以北京继续教育协会首任理事长的身份，倡导并支持该会成立基础教育专业委员会，委托北京教育学院牵头，协同当时 18 个区（县）的教师进修院校，组建北京市中小学校长、教师继续教育联合体。在教师成长规律、成人学习特性、首都基础教育改革创新实践需求与教育现代化、教师专业化要求有机结合的基础上，研究教师继续教育的内容与方式，不断提高教师培训的针对性与实效性。

其次，在教师培训基地软硬件建设方面。

陶局长上任伊始给"教师的教师"送礼，是北京教育学院老同志口传心念的佳话。1986 年 9 月第二个教师节，陶西平代表北京市教育局给北京教育学院送来三样礼物：一是拨款 10 万元为学院购买图书；二是拨款 10 万元筹建学院计算机软件中心；三是拨款购置一辆面包车送老师们去远郊区县上课。针对当时的培训条件，三样大礼样样解决急需，可谓雪中送炭。

长期以来，陶老对建设中小学教师终身学习基地、营造教育家成长环境给予了巨大关怀与支持。他两次莅临北京教育学院基建奠基仪式，为这所北京市中小学教师培训基地跨入新世纪教师教育事业最佳发展期夯实基础。1993 年 12 月 28 日，在"北京教育学院、北京教育行政学院合并暨北京教育学院综合教学楼奠基大会"上，北京市委教育工委书记陈大白宣布合并后的北京教育学院要成为首都基础教育教师培训基地、干部培训基地和基础教育党建研究中心，陶老与北京市政协副主席李晨、副市长胡昭广等领导挥锹培土为师干训综合教学楼奠基。2006年 11 月 16 日，北京教育学院中轴路校区基建开工，陶老与原任北京市委常委、市委教育工委书记，时任新华社副社长的徐锡安等领导出席奠基仪式，与学院干部教师一起为中轴路具有标志性的建筑——"教师大厦"奠基。

在支持教师培训基地硬件设施和环境建设的同时，陶老尤为关心北京教育学院的功能定位与内涵发展，他语重心长地指出："北京教育学院之所以能够成为北京市教师教育体系的重要组成部分，是北京市的相关领导在做出决策时，从北京的实际出发，赋予北京教育学院独特的价值与发展空间。北京有许多高等师范院校，虽然它们也有适当的力量支撑教师的继续教育，但其主要任务还是进行教师的职前教育。所以，在紧密结合中小学的管理与教学实际、实施校长与教师培训方面，北京教育学院有其独特的优势。它更贴近学校，更贴近校长，更贴近教师，因此，它所进行的继续教育也就更贴近基层的需要。所以，由高等师范院校、教育学院以及各中小学共同构成一个比较完整的干训与师训体系，更符合北京的实际。实践也证明，建立这样一个体系，取得了比较好的成效。"

如何实现功能定位，陶老高屋建瓴地从实践路径和操作策略上提出了"三个结合"。第一，坚持普及与提高相结合。一方面，为广大刚入职的教师或刚就职的管理干部提供基础性的培训；另一方面，为不同层次的校长和教师的专业发展提供不同的平台。这种多样化、多层次的培训，较好地满足了被培训者的个性化需求。第二，坚持理论与实践相结合。北京教育学院始终重视基层的教育实践经验，不是单纯地讲授理论，而是立足于帮助校长与教师解决教育实践中的问题，使他们所学的理论能够应用到教育实践当中去。第三，坚持学习与研究相结合。北京教育学院不是仅仅把学员看成教学的接受者，而是把他们看成教学的动力和资源。培训者提出一系列课题，然后组织学员共同研究，不少课题都取得了很好的研究成果。总之，北京教育学院是北京市教育干部与教师继续教育的重要基地，是北京市教师专业发展研究的重要平台，也是北京市优秀校长与教师成长的摇篮。

与功能定位相匹配，培育校长、教师的工作母机还需要持续加强教师终身教育的学科、学术、专业特质与文化内涵的建设。为此，陶老也倾注智慧心血，以体现北京教育学院软实力、为展示交流中小学校长教师科研成果而建的两大精品平台即为例证。

一是为广大教师著书立说建立学术出版阵地。1986年，北京市委、市政府策划《北京教育丛书》，旨在有领导、有计划地组织北京市普教系统的优秀教师总结教育教学经验，让其育人经验传播于当代、流传于后世，成为社会的精神财富。陶局长作为《北京教育丛书》领导小组成员，将此丛书的出版作为推进尊师重教的重大举措，全力抢救老教师的宝贵财富，发现新人的成功经验，组织广大一线教师开展"读用评《北京教育丛书》活动"。第一个百本《北京教育丛书》荣获中宣部首届"五个一工程奖"。陶老审读过许多书稿，还挤时间撰写书评，深入区（县）和基层学校做辅导宣讲，交流自己的读书心得，鼓励一线老师们学以致用、讲好教书育人的故事。作为首都基础教育发展进程的纪录与实践经验的结晶，《北京教育丛书》现已进入第三个百本的出版周期，成为首都基础教育教师提高教育教学质量、促进专业发展的案头书。

二是为校长治校理教搭建学术交流平台。在陶老鼎力支持与具体帮助下，历经近两年的筹备，1987年全国第一本专门服务中小学管理干部的杂志《中小学管理》创刊。陶老作为首任主编，为8月试刊号撰写发刊辞。1997年，老社长张瑞玲退休，北京市教育局基教处副处长姬向群接任社长，陶老以杂志编委会主任的身份，到编辑部送旧迎新，语重心长地叮嘱要继续发扬"蹬着平板车为中小学送刊的创业精神"，强调要坚守"贴近基层中小学、服务办学实践、反映学校管理干部呼声、介绍国内外教育管理新成果新动态、做好校长参谋助手"的办刊宗旨。从领导岗位退下来后，陶老长期坚持为《中小学管理》撰写文章，2007年到2019年发表专栏文章达124篇，获得社会广泛好评。直至临终，困卧病榻，双眼无法睁开，陶老仍摸索着在白板上给《中小学管理》杂志写下最后留言："我的教育追求就是实现教育过程的整体优化。谢谢大家，我还是那颗心。"

基础教育是我国教育的基础，教师是基础的基础；立德树人是教育的根本任务，培养教师是根本的根本。怎样建立健全教师专业发展的服务体系？怎样建设完善专设专供的培训机构、专职专责的培训管理队伍、专修专长的教师教育学科课程、专业专精的教学科研团队？回答这些问题也就是回答"谁来培养培养人的人"这一时代命题。历经我国基础教育和教师教育改革创新实践，陶老结合自身经历，满怀深情又客观务实地给予回应："我对北京教育学院有很深的感情，因为在 58 年前，我刚刚做教师的时候，就在北京教师进修学院进修，参与教学研究活动，帮助编写教师参考资料，还参与一些教学讲座，等等。可以说，我在教育生涯的启蒙时期，就得到了北京教育学院很大的支持和帮助。后来，我在北京做教育行政工作、政府工作和人大工作。这一时期，北京教育学院、北京教育行政学院和北京成人教育学院，一直是北京市教育事业发展的最重要的支撑力量，它们对于北京市教育干部与师资的培养，以及北京市的教育教学研究和教育宣传工作，都发挥了很大的作用。再后来，我从一线退下来，主要在社会科学研究团体和教育研究团体工作，在这一段时间里，我和北京教育学院有了很多的合作，包括课题的研究、刊物的编辑、教师和干部的培训等。我感到，北京坚持从自己的实际出发，以北京教育学院作为干部与教师继续教育的重要阵地是很有远见的。北京教育学院对于首都教育所做的贡献就在于，它使北京的教育建立了相对比较完整的干部与教师培训体系，创设了一套比较完整的干部与教师培训课程，引领了一批教育科学研究课题并且取得了重要的成果，培养了一批优秀的干部、教师以及未来的教育家。"

三、强师兴国：宏猷高远铸良师

多年来，陶老尊重和把握教育科学规律，在对首都基础教育的治理，以及促进教师教育的发展上，他不仅宏观统筹布局、整体规划设计，而且要中观因地制宜、"起承转合"落地，当然还离不开微观环节精准精当实施、精细精致操作。事实上，在统领首都基础教育师资队伍的整体发展、体系运行、供给保障等浩繁的系统工程方面，陶老已然担负着艰巨繁重的工作，然而进入专业操作的中观地带与微观环节，诸如协调教师专业成长的点、线、面、体，关注学科、学段与名师骨干、紧缺急需人员乃至全体教职工，以及重点项目的操作细节，陶老依然秉持"认真的教育工作者"的态度，竭尽所能、身体力行、关切入微、躬亲示范，体现出"认真"二字的分量与能量、力度与温度。

在教师全员继续教育全面铺开、步入正轨后，陶老不失时机将首都名校长、名教师的培训推上日程。1995 年 11 月，北京市首期中学校长高级研修班开班，1999 年暑假结业。陶老与北京市委、市政府领导李志坚、陈大白、胡昭广等先后出席开班与结业仪式，还多次参加专题座谈会与论文答辩会。陶老和时任北京师范大学校长、后任教育部部长的袁贵仁等专家还分别承担了授课、下校诊断、论文指导等工作。首期高级研修班的学习研修、论文撰写与答辩等内容，主要围绕落实第三次全国教育大会精神、全面实施素质教育、深化学校内部管理体制改革和教育教学创新等，由此结出了一批治校理教的成果，引起北京市乃至全国教育界的高度关注，还一度引发了"名校长与名校、名校与名校长"及教育品牌价值、教育名家办学的大讨论。继之，2000 年，北京市首期小学校长高级研修班、首期农村校长高级研修班和第二期中学校长高级研修班相继开班。2019 年 10 月 16 日，"庆祝新中国成立 70 周年暨北京市首期中学校长高研班结业 20 周年"座谈会在北京教育学院举行，陶老抱病出席，谆谆嘱托与会同志们"不忘教育来时路"。

2007 年 5 月，北京市"十一五"第一期名校长工作室启动，聘请陶西平、高玉琛、刘彭芝、李烈、吴国通为导师，各区县 28 位优秀校长进入 5 个专题工作室，开启为时两年的研修。设计研修方案时，陶老提出很多"迭代升级"甚至"颠覆性"的创新建议。例如，中小学校长要通过办学业绩与现场答辩考核遴选，入选后校长可根据研修专题选择工作室与导师；打通中小学段组建工作室，以利于小学与初高中的衔接贯通。工作室顾名思义重在"工作"，既注重理论研修，更强调学以致用、创新实践，进入工作室的学员不是被动学习而是统称"研究员"；工作室采用项目制管理，并按需配备理论导师、助教和专业秘书；等等。这些建议在校长教师研修过程中取得了良好效果，很多已固化为高端研修的程序与机制。

2010年7月，北京市第二期中小学名校长工作室启动，聘请陶老担任总顾问。设立"教育国际化""学校组织变革""学生自我发展能力培养"三个专题工作室，采取双导师制，刘彭芝、李烈、李希贵分别任总导师，史静寰、褚宏启、陈会昌担任理论导师，考核遴选20位校长进入工作室研修两年，为教育家型校长的成长奠定基础。

面对新课程新教材，陶老总是超前研究，捕捉发达国家课程改革趋势，结合国情加以本土转化，并做出前沿性的辅导。例如，2009年10月10日，"北京市中小学国际理解教育"首期培训班开班，陶老以国家总督学顾问的宽阔视域，做了"同一个世界、同一个梦想——关于国际理解教育的思考"的报告。西城区、海淀区、朝阳区、延庆区四个地方课程实验区教师聆听，并启动北京市地方新教材的先行实验。

对于学前教育、艺术教育、职业教育的师资建设，陶老也给予了关怀与支持，为这些重要学段、特殊学科、紧缺专业教师的进修、职评与发展多方呼吁，甚至采用"现场一对一"的方式辅导、示范、帮扶。例如，为金帆艺术团所在学校争取师资编制、引进专业教师，为他们的职评晋级与业务发展等提出政策性建议。

对于培训者、教研员、专兼职督学的培训，陶老也倍加关注。2007年8月10日，第十二届中美教育研讨会在中国国际科技会议中心举行。美国常青藤高校联盟和东部、西部教师教育联盟40多位大学教育学院院长、教授和30多位中小学校长，中方250多位教师和教育工作者参会。陶老做主旨报告"创造良好的教师专业发展文化",全场中外嘉宾起立鼓掌致敬。2010年9月21日,"北京市督学大讲堂"启动,陶老为全市200余名专兼职督学讲"依法督政督学"第一课。同年10月22日,全国教师培训学术研讨会在京举办,北京市、上海市、重庆市、浙江省、广东省、辽宁省、吉林省等18个省市及港澳地区共500余名专家与会,陶老围绕"中小学教师专业化的政策、理论与实践"进行深刻阐述。回味陶老的学术报告、专题讲座、主旨演讲,既有高屋建瓴、宽广视野的启悟,也有娓娓道来的教学案例,还有睿智达观的点拨、儒雅亲和的润泽,或循循善诱,或涓涓滴灌,且适时穿插幽默风趣的比喻、诙谐灵动的警策……,为"老师的老师"树立了教风、教态、教法的艺术典范。

陶老多次强调教师培训院校要"以硬任务带强队伍",方能"炼就软实力",在国内外教师教育领域"发出声音、获得尊重"。2011年11月,北京教育学院承担教育部委托课题"特级教师现状、管理及政策完善的研究"。课题组对全国上万名中小学特级教师进行抽样调查、现场访谈,并对各省特级教师遴选与管理文件进行全方位的比较研究,还深入中小学幼儿园正高级教师评选试点的山东省、陕西省、吉林省进行现场调研,形成研究报告,提出政策建议,对《特级教师评选规定》(1993年)进行修订(送审稿)。整个研究过程得到陶西平、顾明远、劳凯声等专家指导。2013年1月29日,课题组召开"《特级教师评选规定》修订征求意见会"。陶老、顾老和中国教育学会钟秉林会长,教育部教师司许涛司长、基础教育一司王定华司长及部分省、市教育行政部门领导、专家和著名校长、特级教师代表出席会议。陶老提出中肯建议:国家和地方教育行政部门尽快研究特级教师与正高级教师以及省级教学名师之间的关联与差别,考虑地区差异,制定各自的评审标准和规则,切实发挥师资培养、使用与管理的各自作用;特级教师评选制度仍要坚持、巩固和完善,考虑到1993年《特级教师评选规定》颁布后基础教育领域发生的变化,在特级教师评选范围与程序、条件与比例,评选后的使用、考核、待遇、可持续发展等方面，需要在科学性、时代性、规范性和可操作性上做进一步的修订。

2017 年 6 月 12 日，我有幸与陶老最后一次参加教育部组织的专家评审，评审内容是语文、数学、化学三个学科"义务教育教师培训课程指导标准"。在教师教育学科课程建设的进程中，在职教师培训的课标研制与颁布尚属首次。陶老审读了厚厚的三科标准，详细写出审评提纲，在发言中结合我国长期大规模开展的在职教师培训现实情况，肯定了"培训课程指导标准"在教师教育课程建设中体现出的学科开拓性与专业完整性，在教师培训教学实施中起到过程规范化、教法多样化与质量评价标准化的作用，还条分缕析地提出诸多建设性意见。

对一线广大教师直接参与教科研实验，陶老高度关注、热情鼓励、垂范引领。他主持中国教育学会重点课题"借鉴多元智能理论，开发学生潜能的实践研究"持续近 20 年，辐射 11 个省、自治区、直辖市，正式注册的项目学校有普通教育学校、职业教育学校、特殊教育学校，多达数百所，充分体现了不同地区、不同类别教育协调发展的时代要求，谱写了大规模、持续性、国际合作开展基础教育领域教科研的辉煌篇章。

2000 年 8 月，在北京市中国科技会堂，陶西平代表中方与美国亚利桑那大学琼·梅克教授签订 DISCOVER IN CHINA 国际合作研究项目，揭开研究序幕。2001 年 6 月在山东诸城举办开题研讨会，陶老做开题报告；次年 5 月在北京青蓝大厦举办首届国际研讨会，陶老做主旨报告，对课题名称、研究方向与路径做出界定。他指出，"借鉴多元智能理论，开发学生潜能的实践研究"课题的关键词有三个：一是"借鉴"，对多元智能理论不提引进，只提借鉴，一方面承认多元智能理论可以借鉴，另一方面多元智能理论本身也在探讨和完善中，还包括在"借鉴"过程中要不断发展，多元智能理论与中国教育实践相结合也可使其更加充实、完善。二是"开发潜能"，我们的研究着力于开发学生潜能，实质是探讨推行素质教育的内涵。三是"实践研究"，借鉴多元智能理论必须面向教育实践，为教育实践服务，同时在众多实践中发展完善理论，在实践研究中创新，形成中国教育工作者对智能的基本见解。

2004年5月，"借鉴多元智能理论，开发学生潜能的实践研究"国际研讨会在北京举办。时任教育部副部长袁贵仁出席，陶西平做主旨演讲"多元智能理论及其在教学中的应用"。2009年，课题第一、第二阶段研究完成，研究成果《多元与成才》《多元智能理论与"问题解决"教学》《多元与和谐》分别获北京市教育科研两个一等奖、一个二等奖。还出版了《多元智能：理论、方法与实践》《启迪多元智慧的教育》《多元智能与教学策略》《多元智能在中国》《多元智能在世界》等一批享誉海内外的著作。

2010年5月31日，"多元智能理论与全球教育转型"国际研讨会在北京五洲大酒店举行。中国教育学会顾明远会长与多位副会长出席。陶西平致开幕辞"美好的未来——一种改变教育的视角"，霍华德·加德纳做主旨演讲"多元智能理论的过去、现在和未来""从多元智能到优善工作——回顾20年研究历程兼及11个核心命题"。会议中，陶老与霍华德·加德纳先生有诸多风趣机敏的对话，如加德纳称"多元智能是上帝送给儿童的最好礼物"，陶老说"多元智能也是社会实践给职业教育乃至职业生涯的最佳配送"；加德纳讲西方更强调"适应儿童天赋、鼓励不同智能在不同人的身心得以超常发展"，陶老回应道"儿童不同智能之间的关联、平衡以及社会化的过程"也须关注；加德纳更多阐释"学校如何适应学生不同的智能结构进行教育"，陶老则借用与英国特色学校促进会主席讨论"学生走进社会后，社会不会去适应不同学生的需要，因此必须要学生适应社会"的观点，巧妙地引出我国新颁布的《国家中长期教育改革和发展规划纲要（2010—2020年）》几处提到的要"培养学生的社会适应能力"。陶老认为：多元智能理论也包含培养学生的社会适应能力，如人际交往、内省等能力。而类似命题的提出，也提醒我们在应用多元智能理论时，既应有适应学生的一面，也要有引导学生适应环境的一面。两位大师妙语连珠，为听众呈现出东西方教育思想的交汇与对全面实施素质教育的启迪。会议结集出版演讲与对话集《多元智能理论与全球教育转型》。

围绕课题第三阶段"借鉴多元智能对学生学习、评价和发展的实践研究"，陶老在课题组内部做过一次深刻的发言。既有"愉快的回顾"，特别是前期研究起到的四个重要作用：重视对人的研究、重视对不同人的研究、重视对人的发展的研究、促进对不同人的发展的研究，也有"迫切的需求"：完善素质教育的意义、实现教育公平的意义、培养创新型人才（回答"钱学森之问"）的意义、加强职业生涯指导和职业教育的意义，都与课题深入研究密切相关，更有"殷切的期待"："第一，要重视实证研究。因为本身就是实践研究的课题，但我们的思维方式决定走着走着就会用务虚的研究来勾画我们的研究成果，拿不出多少真正有说服力的实证东西……。我们的研究下一步需要高度重视实证，要重视案例，重视实验，希望大家多做一些小课题，而我们现在做的课题太大，不是我们学校能完成得了的，不如研究一些真正有效的、比较具体的小课题，这样以后大课题研究就会有很多小课题支撑。总之，要把这个实践课题研究做实。第二，关注新的理论进展。包括多元智能理论，加德纳将其不断完善，特别是为了培养明天的教育家，他提出五种心智理论：专业心智、综合心智、创新心智、尊重（他人的）心智、伦理心智。对于如何理解新的理论进展也需要加强研究。第三，促进教育创新。实践过程主要还是以行动研究为主，要有创新，体现到具体的小课题中，如何做到真正有效，案例指导意义绝不亚于抽象的理论意义。我们要更重视在教育活动中的创新，结合实际来推动教育的创新。"

陶老这些谆谆教诲对当前乃至未来的教育科学研究仍具有无比珍贵的指导意义。联想到陶老的临终遗言："我的教育追求就是实现教育过程的整体优化"。为了"整体优化"，他付出的是无尽追求的"过程"，和"过程"中饱含的无法量化的坚韧与艰辛。每忆及此,脑海中定格的总是陶老和基础教育界普通的老师们在一起,为实现祖国教育现代化踔厉奋发、孜孜不倦、砥砺前行的画面……

(原载于《教师发展研究》2020年第6期,收入本书时文字有部分调整)

陶西平成功引领 "借鉴多元智能理论，
开发学生潜能的实践研究"

梅汝莉[①]

　　"借鉴多元智能理论，开发学生潜能的实践研究"，是中国与美国亚利桑那大学于 2000 年 8 月签署的国际合作项目，是国内唯一一个签约授权的关于多元智能研究的国际合作项目，它先后被批准为中国教育学会"十五""十一五"科研规划重点课题，陶西平先生是课题总负责人。这项研究的内容十分广泛，开始是针对基础教育，到"十一五"期间，又从基础教育领域的研究拓展到职业教育领域的研究。陶老在教育理念的建设，改变传统的人才观、教育观、学生观、教学观，尊重学生的个性发展，深化素质教育实践等方面发挥了引领和推动作用。该项目是中国借鉴多元智能理论开展实践研究参与群体最大的一个项目，正式注册的项目学校有 106 所，覆盖了全国 11 个省、区、市。就参与研究群体的民族而论，有汉族、满族、蒙古族、回族、达斡尔族、鄂伦春族、鄂温克族、赫哲族、柯尔克孜族等民族。就学校的性质而论，既有普通教育的学校、职业教育的学校，也有特殊教育的学校；既有公立学校，也有公立改制学校，还有私立学校；既有省市重点学校，也有基础薄弱学校；既有城市学校，也有农村学校……。充分体现了研究主体多元化、各民族教育文化的和谐发展，以及各类教育协调发展的时代要求。总课题组通过全国性的研讨会或国际交流会，进行沟通交流，促进相互学习，不断提高实践研究的质量。仅国际研讨会，十余年来就召开了四次。最引人注目的是这一理论的创始人霍华德·加德纳，曾两次应

---

　　① 北京教育学院教授、多元智能理论研究专家，享受国务院特殊津贴。

邀亲临研讨会，做了专题学术报告。聆听这一世界前沿学术报告并发表学术演讲的，不仅有学术界的"精英"，如美国、英国、加拿大、澳大利亚、日本等国以及中国科学院、我国著名高等师范院校、北京教育学院、北京教育科学研究院的专家，还有幼儿园、小学、中学的老师和校长（园长）及从事民族教育、特殊教育的普通老师和校长。

陶西平先生成功引领了这支庞大而多样化的研究团队，取得了令人瞩目的教育成效。在该研究项目推进过程中，也展现了他本人深刻的教育思想和卓越的才华，为我们留下了弥足珍贵的教育遗产。

一、深刻揭示借鉴多元智能理论的意义

陶老曾发表《"多元智能"理论值得借鉴》的专论，深刻揭示了借鉴多元智能理论的价值。

（一）多元智能理论的理论价值

陶老就其理论价值曾概括了三点：

第一点，多元智能理论指出人具有多种智能，其形成既有先天的基础，又有赖于后天的开发，这一点是值得我们借鉴的。

第二点，多元智能理论指出人的智能有其结构，而且每一种智能都是可以测量的。这种智能结构的思想与我们全面发展的思想是一致的。我们一般讲的"全面"，也是由若干素质组成的素质结构。促进人的全面发展的实质就是通过对人的潜能开发来不断完善人的素质结构。

第三点，多元智能理论既可以为每个人的个性发展提供方向性的指导，又可为每个人的全面发展提供指导。

陶老以上三点论述的前提是：多元智能理论揭示了人类智能的多元性，这正是该理论对传统认知心理学最大的突破。

（二）借鉴多元智能理论对推进我国教育改革的现实意义

陶老认为加德纳关于多元智能的论述，有助于解决我国推行教育改革的争议，特别是对人的素质的不同认识。他指出，多元智能理论关于智能先天与后天发展的统一性，可以帮助我们消解对素质教育的争议，

让大家集中精力推行教育改革，他在《"多元智能"理论值得借鉴》一文中论述道：

> 一部分专家认为不宜提素质教育，因为"素质"是先天的，主要是指以脑生理为基础形成的人的内在品质，因此，素质是无法教育的。而多数同志则认为，素质虽有先天基础，但是，素质是可以通过培养、教育来形成的。多元智能理论正好把先天和后天结合起来，既承认"多元智能"本身有先天基础，更强调"多元智能"需要后天的开发、培养。比如说，人际交往智能可能和人的前脑发展有联系，而与人后脑的功能关系不大。因此，重视人的前脑功能开发就有助于发展人的人际交往能力。总之，每一种智能都能找到它的脑生理基础，这就是先天的东西，但同时每一种智能又可以通过后天的途径加以调整和培养，从而加深了我们对素质教育的认识，那就是素质教育的实质即开发人的潜能，所以这个理论很值得我们借鉴。

陶老还进一步阐述了多元智能理论"对我们实施全面的素质教育有直接的借鉴作用"，他明确指出：

> 过去，一般人通俗地解释素质教育是指我们常说的"两全"：第一是面向全体学生，第二是全面提高每个学生的素质。这个"两全"，在多元智能理论中完全可以找到理论支撑：我们之所以要面向全体学生，是因为每一个学生都有潜能，都具有成功的潜质；之所以要培养每个学生的全面素质，是因为人的素质先天就有着全面的基础，只不过是如何通过开发使其形成良好结构的问题。

陶老借助多元智能理论，使素质教育追求的"两全"目标获得了理论依据，成功解决了我国推行素质教育在认识上的分歧。

二、确立课题研究的正确方向

陶老曾做开题报告，集中力量阐明了"借鉴多元智能理论，开发学生潜能的实践研究"课题的研究方向。

（一）深刻诠释课题研究的三个关键词

陶老告诫参与研究的同仁们："借鉴多元智能理论，开发学生潜能的实践研究"的课题，其关键词有三个：一是"借鉴"，二是"开发潜能"，三是"实践研究"。对多元智能理论不提引进，而只提借鉴。所谓"借鉴"有两方面的意思：一方面承认多元智能理论是可以借鉴的理论；另一方面多元智能理论本身也在探讨和完善中，因此，说"借鉴"，还包括在借鉴过程中要不断进行完善和发展。由于东西方的教育不完全一样，多元智能理论与中国教育实践相结合，可以使中国的教育实践更加充实，更加完善。多元智能结构不是一成不变的，在实践中可以反观并研究这些智能结构，使我们对智能结构的认识日趋清晰。该课题的研究着力于开发学生潜能，这种探讨实际上就是推行素质教育的内涵。该课题研究始终强调"实践研究"，是指借鉴多元智能理论必须面向教育实践，为教育实践服务；同时也要求我们在众多的教育实践中，不断发展和完善理论。借鉴多元智能理论强调实践研究，固然需要用多元智能理论来指导我们的实践，更要求我们在实践研究中进行创新，从而提升我们的理论水平，形成中国教育工作者对智能的基本见解。

陶老诚恳地告诫大家：我们应认识到多元智能理论中有些方面是我们研究不了的，比如多元智能的先天生理基础问题，属于脑科学研究范围，我们没有力量去研究。关于多元智能的结构问题，多元智能理论已经提出了八又二分之一种智能，现在仍在不断研究和发展，这个结构问题，我们也很难探讨。究竟人的智能有多少项，我们很难拿出科学的依据，所以，这些都不是我们研究的重点。我们应该重点研究如何借鉴这个理论来指导我们开发学生潜能，这要靠众多专家和广大的实践工作者一起来研究。

（二）明确研究的重点内容

陶老多次帮助课题研究指导组的同仁们，明确实践研究的重点内容。他曾归纳为如下的五项：研究教学改革，研究开发学生潜能的艺术，研究学生个案，研究教改整合，研究教育评价。上述五项内容，聚焦教学改革，特别是课堂教学的改革。陶老强调：

> 教学改革不深入到课堂是不行的。在目前学校教育的条件下，学校实施素质教育的主要途径还是课堂，要把教师的积极性引导到教学上来，引导到课堂教学上来，引导到课堂教学的改革上来，如果没有这"三个引导"，素质教育的目标将无法实现。

应当怎样实施教学改革，特别是课堂教学改革呢？课题研究指导组认真研究了多元智能理论创始人加德纳的教学观。加德纳认为不同智能结构的个体都有不同的学习方法，因此，适合学生的学习方法和教授方法都应当是多元的，他在《"多元智能"理论值得借鉴》一文中指出：

> 每个个体都是以不同的方式学习，表现为不同智能的特点和组合。毫无疑问，如果我们忽视这些差异，坚持要所有的学生用同样的方法学习相同的内容，就破坏了多元智能理论的全部基础。
> ……几乎每一个值得理解的概念，都可以用许多方法来下定义，可以用多种方式表达和讲授。因此，每一个领域的重要概念的阐述，都有多个"切入点"。这些切入点可以是美学、白描的一个极端，或者是逻辑、哲学和经验的另一个极端。

加德纳还总结了阐述核心概念至少有五种基本方式：第一种称为"叙述入门法"，第二种称为"逻辑量化入门法"，第三种称为"基础入门法"，第四种称为"美学入门法"，第五种称为"经验入门法"。

陶老赞同加德纳的观点，强调应当研究"如何使我们的学科教学能够发展学生多方面的智能"，并倡导多元综合的教学方法，他在《"多元智能"理论值得借鉴》一文中指出：

> 我看不应该数学课只解决逻辑智能的发展，艺术课只能开发学生的艺术潜能，应该每个学科都贯穿"多元智能"的开发。我们要进一步探讨、研究通过教学手段的综合运用，来发挥教育的综合功能。

在陶老的引领下，许多老师积极采用了"多元互动情境化的教学方式"，在传授特定核心知识点时，尝试运用多元的表述方式，使具有不同智能结构的学生能够欣然接受，从而使该项目的课堂教学逐渐呈现出百花齐放的局面。

（三）倡导对学生进行个案研究

案例研究是实践研究中普遍采用的方法，陶老特别加以强调，倡导研究学生个案。他认为："如果我们借鉴多元智能的研究，最后拿不出学生个案来，恐怕不行。因为这个理论最终要求面向每一个学生，使他们的多元智能得到全面发展。"

他深入探讨了我国义务教育辍学率居高不下的原因：

> 学校教育的不当，则是造成学生辍学的重要原因。这反映出教师对某些学生的发展缺乏信心。多元智能理论很重要的一点就是，每个学生都有自己相对的智能优势，每个人都有成才的机会。如果这方面的个案研究较多的话，那对于我国义务教育的巩固和提高都会有很大的作用。

个案研究始终具有理论联系实际的特质，特别是实践性的教育研究，更适合采用这种方法。陶老的主张，成功推进了"借鉴多元智能理论，开发学生潜能的实践研究"这一课题。各地、各校撰写了一大批以案例为主的研究文章结集成册，在成果验收时，摆满了一间小教室，令与会者惊叹。

（四）确立课题研究的实施原则

陶老在开题之初就提出了课题研究采用的是实践性原则，他指出：

> 我曾强调过关于实践研究的问题，这个课题就是一个实践性课题。我们的研究相对来说比较微观，主要是在学校和教师这个层面上开展的研究，因此，大家可以广泛参与。要搞好研究，首先要转变观念。一方面通过学习多元智能理论来转变观念，另一方面在实践过程中转变观念。我们的教改实验不能简单地讲"摸着石头过河"，我们应该力求有一个比较明确的想法，并用这个想法来指导我们的实践。观念转变是很重要的，但不能把观念的转变单纯寄托在学习理论上，要在实践过程中转变。观念转变是一个过程，不可能先转变观念，再进行实践。此外，这个研究还要紧密结合实际，理论探讨要做，一部分专家从理论角度来研究，而大部分是在实践过程中反过来研究理论问题的。我主张对多元智能理论不提引进而只提借鉴，这是因为，这个理论与中国实践相结合，可以使它更加充实，更加完善。

正是在陶老的指导下，课题组明确了如下几个重要问题：

其一，借鉴多元智能理论促进教学改革。

其二，借鉴多元智能理论注重学生个案的研究。

其三，运用多元智能理论整合教学改革的成功经验。

陶老关于"借鉴多元智能理论，开发学生潜能的实践研究"这一课题方向性的论述，获得了课题研究者的普遍认同。2002年2月1日，中国教育学会批准"借鉴多元智能理论，开发学生潜能的实践研究"立项，并被确定为"十五"期间教育科研规划重点课题，标志着大规模有组织地借鉴多元智能理论的实践研究正式开始。此后，各地借鉴多元智能理论的研究陆续被列为教育部以及各省、区、市"十五"教育科研规划内课题，出现了规范研究的新局面。

（五）以转变教育观念作为研究的前导

借鉴多元智能理论的主要目的是什么？课题组的成员几乎都会脱口而出："换一种眼光看教育！"但是，人们往往不知道，这一通俗而精确的表述，最早是陶老提出来的。他曾撰写了题为"借鉴多元智能理论：换一种眼光看教育"的文章。将教育观念的转变放在借鉴多元智能改革教育的首要地位，这是极有价值的思想。

美国学者C. W. 莫里斯曾言："观念是人类文化的原子弹！"有位校长说过，最大的贫困不是物质的贫困，而是观念的贫困。他们高度肯定了观念的价值。借鉴多元智能理论开展的实践研究，对我们教育观念的转变具有很强的冲击力，有力推进了我们改变教育观念的历程，激发了我们对教育领域内司空见惯的事物重新进行审视，这似乎是在"引爆"教育观念这颗"原子弹"！

陶老率先示范，阐述了借鉴多元智能理论有助于变革的主要教育观念。仅在《借鉴多元智能理论：换一种眼光看教育》一文中，他就列举了十项需要转变的教育观念，本文摘要论述如下。

1. 变革教育观

陶老认为，借鉴多元智能理论必须首先变更"教育观"。他形象地用"根雕原理"进行了阐述：

> 弃之荒野的树根是无用的废料，然而到了根雕艺术家手里，经雕琢却成了艺术品。这种加工，不仅使树根具有了艺术价值，它的社会价值、经济价值也提高了。

从某个侧面说，教育也像一位根雕艺术家加工一个根雕艺术品的过程。

陶老认为教育应当如根雕艺术家加工一个根雕艺术品的过程，具有化腐朽为神奇的能力，借鉴多元智能理论，有助于树立正确的教育观：首先，"教育工作者的任务是创造适合学生发展的教育，不是选择适合教育的学生"。其次，要树立"人人都能成功的学生观"。陶老进一步鼓励教育工作者，应当借鉴多元智能理论，"以欣赏的眼光看待学生的优点，以发展的眼光看待学生的缺点，把发展学生的优势智能和提升学生的弱势智能结合起来"。陶老吸纳了多元智能理论的精髓，激励人们树立正确的教育观，为教育公平提供了理论依据，促使教育回归育人为本的"原点"。

2. 变革全面发展观

陶老认为，多元智能理论关于人的全面发展与个性发展统一性的论证，是其值得借鉴的又一重要内容。他曾以"图钉原理"比喻全面发展与个性发展相统一的观念。他指出：

对人才来说，坚实的素质基础就好像图钉盖，良好的个性特长就好像是这个图钉尖，人才就是素质基础和个性特长的统一体。全面发展的教育应该是使学生的素质基础和个性特长都得到充分发挥的教育，而不应该只是指素质基础的全面发展，当然素质基础的全面发展是十分重要的。所以我们要引导学生发现自己的优势，发展自己的兴趣，发现自己的特长，发现自己的不足，要引导学生正确认识自己。

因此，他认为"全面发展的教育应该是一个扬长补短的教育，而不是一个填平补齐的教育"。他反对"把全面发展理解为均衡发展，把均衡发展理解为平均发展，然后采取一种填平补齐、达标式的教育方式"。他列举了两个十分典型的个例，一个是郎平，排球打得非常好，物理不太好，如果采用"填平补齐"的方法，郎平就不能练球而去学物理，那我们国家也就没有"铁榔头"郎平了。再如刘绍棠，他上学时文学水平比较高，但是数学差一点，要按照"填平补齐"的原则，那他就不要写作了，而多花时间来学数学，如果这样，也许我们就没有文学家刘绍棠了。陶老郑重地指出，"填平补齐"的教育让"我们永远难以培养出优秀人才来"！足见变革教育的全面发展观是何等的重要！他认为多元智能理论关于人的全面发展与个性发展统一的观点是值得借鉴的，特别是其对人个性发展的论述，有助于创新人才的培养，而创新人才培养是我国教育发展的当务之急。

3. 变革教学观

陶老指出，当下，很多老师掌握了多种教学方法，这当然是好事。但是，须知多种教学方法应当是用来适应不同学生智能优势的。因此，"我们的教学观应该从教育活动的实际出发，要适应学生的不同需求，解决共性教育和个性教育的结合问题"。诚如多元智能理论指出的，只有适合学生智能优势的教学方法，才是最好的方法。这就有一个"教育方法的综合应用问题"。陶老谙熟我国教育的实际，进一步指出："要根据学生的不同情况，采取分层教学、分组教学，要进一步深化到适应学生不同需要的教育上去。"陶老借鉴多元智能理论所提出的建议，积极推动了众多学校实施"分层教学"或"分组教学"，为我国在班级授课制条件下探索个性化教学，发挥了引领作用。

4. 变革教育的评价观

陶老专门阐述了"罗森塔尔效应"的经典实例，他借助"罗森塔尔效应"提出了借鉴多元智能理论变革教育观念的又一重要内容，即改革教育评价的理念和方法。他认为：

> 教育评价的最终功能是激励学生，而不是简单的判断，评价不能只是分出学生谁好谁坏来，最重要的是立足于激励，所

以要调整我们的评价观，评价的根本目的在于使学校、教师、学生明确方向，树立信心。

评价方式影响着教育的效果，必须高度重视评价方式的人性化，将绩效性评价与发展性评价统一起来，通过评价来激励学生进取。

尽管借鉴多元智能理论改革教育评价的难度很大，但是，大家都认同陶老的建议，努力而为，渐次取得了积极的教育效果。

5. 变革学校的德育观

价值观教育是当前教育面临的挑战，既重要，又很难落实。陶老指出，许多学校都设有负责德育工作的领导，且大多都设有德育处。表面上看学校是重视德育，实际上，往往将德育视为一项独立的教育工作。陶老对此明确指出："德育是我们的教育目标！"颠覆了将德育与育人割裂的观念，重申了"立德树人"乃是教育的根本任务。正是基于这一认识，他赞赏多元智能理论将"塑造健全人格"视为教育根本的论断。与此同时，陶老还创造性地提出，学校教育要抓住"德育点"——价值观教育，营造"德育场"，让学校全员、全局都具有正确的价值观，这正是他生前理想的德育。

将价值观融入人的多元潜能之中，恰恰是加德纳对认知心理学的独特贡献。陶老关于德育的论述，弘扬了多元智能理论这一创新内容，拓展了借鉴多元智能理论实践研究的内涵，显现了他的识见之明。

三、以课堂教学改革为重点

陶老在《重视开发学生的多元潜能》一文中，突出强调课堂教学改革这个重点。他基于对学生智能多元性的认识，着重提出课堂教学改革应注意的问题：

一方面，要以多元的方式开发学生的潜能。通过开展适合不同学生智能特点的教学活动，使他们都能对教学内容加深理解，同时，使学生通过参与多种形式的教学活动，培养创新精神和实践能力。这样，就改变了单纯通过讲授——借助语言智能和数学—逻辑智能的单一模式的教学，使课堂有目的地活跃起来。

在陶老的引领下，课题组将"在课堂教学中开发学生的多元潜能，提高教学质量"列为该课题研究的重点，并且有效推行了以下两种教学模式，为培养创新人才提供了理论与实践的支撑。

（一）多元互动情境化教学模式

陶老在指导借鉴多元智能理论实践研究时，十分重视总结综合广大教育工作者的创造。多元互动情境化教学模式就是该课题广大研究者在借鉴多元智能理论的教学实践中创造的，经由课题研究指导组提炼总结而成，具有原创性。

多元互动情境化教学模式，包括"多元""互动"和"情境化"三大部分："多元"指的是教学切入的方法可以是多元的，它尤为重视学习知识的多元思维方法、多元表达方法和评价的多元取向。"互动"是人类个体智能的触角和延伸。而"互动"既包括人类群体间的相互作用，也包括与无生命的物体之间的相互作用。"互动"也可以称作广义的"合作"，这与当今合作学习的理论是相通的。"情境化"是指教育需要创设有利于学生发展的环境，它体现的是多元智能理论提出的"智能分布学说"和开发学生实践能力及创造力的理念。

多元互动情境化教学模式深受学校教师的欢迎，大大激发了参与课题研究的教师的创新活力，借鉴多元智能理论的学校出现了丰富多彩的课堂教学样式，适应了不同智能倾向学生的需要，大大提高了课堂教学的质量。在实践中，我们发现，多元互动情境化的教学方式，更适合基础薄弱中小学和中等职业学校的学生。因为这些学生大多不太适应传统的单一的教学模式，采用这种教学方式，往往受到他们的欢迎。在借鉴多元智能理论开展实践研究不长的时间里，不少实验学校的课堂教学采用了上述新型的教学方法，发生了令国外学者惊讶的可喜变化。

下文引自 2002 年应邀出席多元智能国际研讨会的美国心理学专家阿姆斯特朗参观北京市昌平区第三中学英语课堂教学后的感言：

2002 年 8 月我在中国……有机会参观北京郊区一个使用多元智能理论进行教学的高中课堂。我与妻子坐在教室后面，一位女教师在给 14 岁的中学生讲授有关爱尔兰歌唱家、作曲家、演员和政治活动家鲍勃·格尔多夫（Bob Geldof）的知识。鲍勃曾是 1985 年 "现场救助"（Live Aid）摇滚演唱会的主要组织者（该演唱会曾在伦敦和费城联播），并且妻子为全球饥荒救济活动筹集了 1.5 亿美元基金。当这些学生进行英文练习的时候，他们不断地展示该事件的相关数据，交流音乐、歌词和自己想象的场景。他们在活动中进行社会性互动，分享自己的情感，甚至以格尔多夫的人生为剧本扮演角色。

当我在观察整个课程进行的过程中，我发现我的下巴都快掉下来了（形容很吃惊），因为我意识到我所看到的东西是以前从没有看过的：这完全是对我在《课堂中的多元智能》（*Multiple Intelligences in the Classroom*，Armstrong，2006）一书中设想的理想的多元智能课堂计划能做出的最完美的示范。我很欣慰，在过去参观过的多元智能课堂中，我从未见过一堂课中能使用如此多的教学策略以达到清晰而明确的教学目标。过去我所参观的多元智能课堂，多是儿童采用符合进步教育、开发教育和建构学习理念的方式完成某种任务（当然这并没有错误），这种教学形式比较简单和传统。在北京参观的这堂课让我感到新异的是这种独特的多元智能学习方法，且这种方法不会和其他的方法相混淆。

北京市昌平区第三中学是一所地道的农村中学，学生们学习英语的环境远不如城市学校，但是，由于这堂英语课成功地采用了多元互动情境化教学模式，调动了学生们的积极性，课堂生动活泼，教学效果十分理想。这使阿姆斯特朗回国后还多次与这位英语老师交流，并在《多元智能在全球》一书中加以赞扬。

多元互动情境化教学的成功个案很多，在此不一一赘述。北京师范大学第二附属中学撰写过案例集，该校教师还应邀到外省市讲学，介绍经验。

（二）多元智能问题连续体教学模式

多元智能问题连续体教学模式，是课题组引进的美国亚利桑那大学琼·梅克教授创造的教学和评价模式。"借鉴多元智能理论，开发学生潜能的实践研究"这一课题项目，就是陶老代表中方与梅克教授签订的，这也表明陶老对引进多元智能问题连续体教学模式建有殊功！这与他一贯十分重视培养学生解决实际问题的能力密切有关。他极为赞赏多元智能理论将"解决问题的能力"作为判定一个人智能高低的观点。

运用"问题"进行教学由来已久，"问答法"的使用已经有两千余年的历史，为广大教学人员所熟悉。问题在传统教学法中具有两种最普遍的作用：一是用问题引出要讲授的新知识；二是用问题来巩固所学知识，这就是我们最常见的问答式练习题和考试题。而问题解决在多元智能教学中的功能是用来开发学生潜在智能的，这主要表现在以下几个方面：

第一，用问题来激活学生内在的学习动力；

第二，用问题来深化学生对知识的理解；

第三，用问题来培养学生的实践能力或创新能力；

第四，用问题解决来发展学生的个性；

第五，用问题解决作为教学评价的工具；

等等。

这几个方面是相互关联的，众多教育学家曾从不同的角度关注过其中某些功能。多元智能理论的特点是，将问题解决的上述功能向"深刻理解并学以致用"的目标聚焦，以促进"深刻理解"为中心，将其他几项功能加以整合。

琼·梅克将建构主义的思想与多元智能理论相融合，成功地整合了教、学、做和评价，使这些教学环节在问题解决的体系中融为一个整体。更为重要的是，将知识的学习与能力的培养统一在一个简约的过程中同时解决，在一定程度上有助于克服知识传授与能力培养"两张皮"的现象。

问题解决教学是以"问题"为导向的，这里需要有一个具有全面功能的"问题"体系，以它作为操作工具来开发教学中多种类型的"问题"。梅克的"问题连续体"（problem types continuum）就具有这个功能。

梅克所创设的问题类型矩阵，实质上是把问题按解决该问题所需的创造性的程度来划分等级。它从教师和学生两方面，就问题本身、解决问题的方法、问题的结论或答案这三个维度的已知或未知状况，或从问题的答案是唯一的还是系列的、开放的这些不同层次，把问题分为五个类型。

多元智能问题连续体教学模式在实践应用中，提高了教师的教学能力，有效促进了学生潜能的开发。该课题收集了众多实施多元智能问题连续体教学模式的成功案例，现仅摘录其中的一则。

以下是山东省诸城市第九中学张英、姚秀娟两位老师就高一历史课"甲午中日战争"依据多元智能问题连续体教学模式设计的"问题解决"教学。

第一类问题：

1. 有哪些战役？

2. 有哪些重要人物？

3. 有哪些战争政策？

第二类问题：

1. 结合 19 世纪晚期国际国内背景，分析此次战争爆发的必然性，并指出它对中国国内政局和远东局势产生了哪些重大影响。

2. 比较甲午中日战争与中法战争的异同。

3. 比较近代两次中日战争，并分析两次战争中国一败一胜的根本原因。

4. 比较《马关条约》和《南京条约》的异同，说明《马关条约》的签订使中国半殖民地化程度大大加深了。

第三类问题：

有人认为甲午中日战争是中国近代史的转折点；有人认为"甲午中日战争是近代中国民族解放运动史上的一座里程碑，是中华民族新觉醒的真发端"；而恩格斯说"没有哪一次巨大的历史灾难，不是以历史的进步为补偿的"。结合 19 世纪末的史实说明你同意哪一种观点，以此指出甲午中日战争对中国历史进程的影响。

第四类问题：

学习了"甲午中日战争"一课后，用一句话来概括你的感想。

部分学生的感想：

● 落后就要挨打。（韩林）

● 腐败就要亡国。（杨雪）

● 要大力发展科技。（刘庆余）

● 要增强我国综合国力。（史胜杰）

● 要取得反侵略斗争胜利必须进行反封建斗争。（冯春美）

● 建立民主政体，防止个人独断专行。（楚国栋）

第五类问题：

设计应用性小作文：日本在近代史上曾经两度发动大规模侵华战争，先后制造旅顺、南京大屠杀，在中国犯下了滔天罪行。但是当前日本右翼势力不断兴风作浪，否认侵华，美化战争，拒绝对当年侵华进行赔礼道歉和经济赔偿，逃避战争责任，这严重影响了中日友好关系。请你以一名中国中学生的名义写一封公开信寄给日本首相，阐述你的情感、观点和立场。

一名学生的作文摘要：

小泉首相：

你好！

虽然日本对中国侵略已成历史，但对于这一段历史，中国人是永远不会忘记的！作为一名新时代的中国学生，我认为有必要对你复述以下日本侵华的历史，还历史以真相。

忘不了那个"九一八"，那个让东三省满目疮痍的"九一八"，使多少中国同胞经历了妻离子散的痛苦。你们的日本老兵用刺刀和枪炮建立了一个你们理想中的"伪满洲国"。那是一个统治中国人的囚笼，一个比地狱还阴森的地方。而你们现在的教科书中竟然冠冕堂皇地称，此举促进了经济发展。荒谬！简直是天大的荒谬！

忘不了那个骇人听闻的血腥的南京大屠杀，那个让中国人十分痛心的大屠杀。曾几何时，南京雨花台的街道血流成河，手无寸铁的中国百姓被无辜杀害。而此时，日本的右翼势力无视不可辩驳的历史，矢口否认南京大屠杀，篡改教科书，参拜靖国神社，推卸战争责任，拒绝对当年侵华罪行进行赔礼道歉和经济赔偿，大大伤害了中国人民的民族感情。

如今，……

以上是在普通中学应用多元智能问题连续体教学模式的个案，多元智能问题连续体教学模式进入职业教育领域后，获得了长足的发展。北京市实美职业学校的张轩老师和赵尔平老师，较详细地阐述了运用信息技术实施多元智能问题连续体教学模式讲授"美国内战"的实例。最

值得我们关注的是，普通中学与职业中学采用问题研究教学时，开放的程度明显不同。普通中学基本上是围绕教学知识点展开的，即使是学生独立撰写的小文章，也是力求综合教材上有关时期的政治、经济、外交以及社会风土人情等知识点的内容，基本上未能充分展现学生的独特见解和新发现。实美职业学校则不同，从内容到形式开放度都较大，不仅围绕美国南北战争的内容进行了深入研究，而且，将历史与现实沟通，实现了"大时空"的综合。历史课运用了大量文学作品做铺垫，诗歌、小说、音乐，以至钱币，都被卷入进来，"活化"了已经远离的历史真实，拓展了学生的见闻、思路，具有很强的感染力，达到了审美的境界，体现了学校老师对教育的热爱与创新的激情。

在陶老的引领下，"借鉴多元智能理论，开发学生潜能的实践研究"硕果累累。该课题研究的总结性论著多次获奖：《多元与成才》获北京市教育科研一等奖，《多元智能理论与"问题解决"教学》获北京市教育科研一等奖，《多元与和谐》获北京市教育科研二等奖。此外，还正式出版了《多元智能：理论、方法与实践》《启迪多元智慧的教育》《多元智能与教学策略》《多元智能理论解读》《多元智能在中国》《多元智能在世界》《加德纳论多元智能》《多元智能理论实践探索——小学课堂教学课例（上）（下）》以及2004年加德纳在京讲学对话录《多元智能理论与实践的中西交汇》等。此外，课题组还将100多堂课堂实录制作成光盘，正式出版发行。

陶老领衔实施的"借鉴多元智能理论，开发学生潜能的实践研究"，历经十几年的峥嵘岁月，记写了我国教育改革辉煌的一页！

愿先生一路走好

贾　炜①

陶西平先生一生致力于国家教育事业的改革发展，始终把每一个学生的成长、成才放在首位。无论是作为校长、教育官员，还是作为具有世界影响力的教育家，他求实创新的教育情怀、教育智慧和责任担当，都深深地影响着我们，可谓高山仰止、轨物范世。

从全球教育的宏观视野，到基层学校教育过程的细节优化，先生用毕生的奋斗时光，为我们描绘了教育发展的"全景图"。从有定力、有创造、有担当的"教育家精神"的凝练，到理论联系实际的改革行动中的亲力亲为，先生用毕生的躬身践行，为我们奏响教育实践的最强音。从对"脑科学与教育"的深刻论述，到洞悉人工智能对新时代教育现代化发展的未来影响，先生用超前的眼光，为我们打开了教育改革的"新视野"……

对于上海教育人而言，先生也一直是"老朋友"。他非常关心上海基础教育的改革发展，多次来沪参加研讨交流活动，甚至带病坚持为上海教育综合改革出谋划策，对上海义务教育的优质均衡发展和基础教育课程改革深化提出了殷切希望和大量的宝贵意见。

陶西平先生对待教育事业的一片真心和平易近人、大气睿智、执着坚定的人格精神，必将成为我们每一个教育工作者的精神财富，激励吾辈坚守初心，为国家教育事业的改革发展、为教育现代化的早日全面实现鞠躬尽瘁。

愿先生一路走好！

---

① 上海市教育委员会副主任。

浅论陶西平先生的历史地位

史根东①

陶西平先生是一位对新时代教育理论与教育实践发展做出了卓越贡献的教育家。认真研究和明确陶西平先生的历史地位，并大力传承和弘扬陶西平先生的教育思想与高尚精神，对进一步推动国家教育现代化建设进程，具有重要的现实意义与长远意义。

作为中国特色社会主义的一个重要组成部分，教育事业正在迎来一个新时代。这一时代迫切需要一批既具备良好理论与政策研究素养，又积累了长时间教育教学与行政管理经验，而且善于在理论与实践相互结合中进行思辨分析、发现问题、研判论证、提出解决方案的一流教育理论家和教育研究家与教育实践家，以其在长期职业生涯历练中所形成的特有的高品位、高学养、高境界、高威望感召和激励千百万教育工作者，引领他们一门精进、励志前行。

陶西平先生生活、工作和开展研究的社会背景，就是这样一个社会主义新时代。在这样的时代，教育发展面临的突出矛盾是人民日益增长的高水平教育需要同教育发展不平衡、不充分、欠优质的矛盾。

陶西平先生丰富的教育实践与多方面著述，正是围绕这一突出矛盾，通过长时间的深入考察、实践探索与理论研究，得出了颇具理论—实践创新价值、现实—未来导向价值的重要结论。概括起来，陶西平先生探索与研究的问题包括教育教学、德育、教育管理、学校管理体制、素质教育、教育评价、民办教育、职业教育、多元智能教育、可持续发展教育、国际教育合作与交流等，覆盖了新时代教育改革与发展的大部

---

① 中国可持续发展教育全国工作委员会执行主任。

分领域。

在当前形势下，教育领域若要出色完成"坚持把创新作为引领发展的第一动力"（习近平总书记语）这篇命题作文，若要回答现实与未来教育改革创新领域的一系列重要理论与实践问题，都可以在陶西平先生留给我们的大批宝贵教育遗产中找到应对思路与解决方案。

由此我们可以认为，陶西平先生就是这样一位有着高品位、高学养、高境界、高威望，而且足以凝聚人心的新时代教育家的杰出代表。我们认为陶西平先生是卓越的新时代教育家，主要基于以下五个方面的事实和研判。

一、陶西平先生是当代素质教育创新实践的先行者

不必说早在北京市第十二中学任教与担任学校管理职务期间，陶西平先生就率先一步思考与行动，在教育教学及管理工作中实施真正的素质教育，也不必说他在任北京市教育局局长期间，亲自发起和主导中小学校管理体制改革并通过主持年度教育理论与实践专题讲座，持续多年引导全市校长、教师更新观念，并广泛开展大面积素质教育实践。单就陶西平先生自 20 世纪末开始以"超期服役"身份，无数次参与全国各地学校教育改革与创新实践的指导、诊断与评估而言，他的大量时间与精力付出之主要方向，仍然是引导与推动当代中国的素质教育。

概括起来，陶西平先生践行、指导素质教育的核心理念与实践原则是：注重从全民教育向全民学习转变；注重从以课程为中心向以学生为中心转变；注重从以能力为导向到以价值为导向转变；注重从知识授受向创新精神培养转变；注重从信息工具的使用向教学模式转变；注重从单一测评向综合评价转变。不仅如此，陶西平先生还以高度的社会责任感与敏锐的批判精神多次指出推进素质教育过程中的偏颇与问题，诸如理念与政策脱节、目标与评估脱节、热点与重点脱节、展示与常态脱节等。

显然，遵循陶西平先生的教诲，继续深耕与扩展素质教育，仍是教育系统未来面临的重要任务。

二、陶西平先生是新时代教育思想体系——陶西平教育思想的创立者

陶西平先生是一位百科全书式的教育家。陶西平教育思想是一个内涵丰富的概念，包含了从 20 世纪 80 年代至 21 世纪前 20 年陶西平先生关于当代教育领域一系列重要理论问题、政策问题和实践问题的思考与研究结论。

陶西平先生教育实践与理论研究生涯同中国教育改革开放进程几乎同步。他是近 40 年来国家教育发展若干重要阶段与重大事件的见证者、参与者、推动者与研究者。陶西平先生著述的主体部分就是其本人在这一时期教育实践与研究思考的记录、梳理及升华。从一定意义上看，研究陶西平教育思想就是在深度研究新时代教育改革与创新的理论和实践。纵观已经面世的系列论文集《沉浸于求索之中：陶西平自选集》《让失败率为零——教育整体改革的思考与实践》《一路走来——陶西平教育漫笔》《追梦人——陶西平教育漫笔》《陶西平教育漫笔选集① 大家不同 大家都好》《陶西平教育漫笔选集② 在反思中创新》《陶西平教育漫笔选集③ 涌动的潮流》《陶西平教育漫笔选集④ 为生命而为》中所涉及的全部教育理论和实践研究内容可见，陶西平教育思想是陶西平先生关于当代教育功能观、教育价值观、教育目的观、学生观、教师观、教育管理观、全球教育观的理论体系与育人模式的完整概括。其包括的具体内容有：素质教育理论与实践、教育政策理论与实践、教育评价理论与实践、德育理论与实践、青少年核心素养理论与实践、学校发展理论与实践、教师专业发展理论与实践、民办教育理论与实践、职业教育理论与实践、多元智能教育理论与实践、可持续发展教育理论与实践、全球教育发展趋势和国际教育比较研究理论与案例评述等。

浏览上述已出版著作，人们会不时为陶西平先生一句又一句闪烁着真爱与智慧之光的育人金句及诲人箴言所赞叹，诸如："大家不同，大家都好""着眼于未来，着眼于素质""做爬起来最快的人""为了每

一位学生的发展""教育必须坚持引导青少年树立正确的价值观""在反思中创新""把每一个孩子都放在心中""让孩子有尊严""'互联网+教育'不是物理变化，而是化学变化""没有问题是最大的问题""赋予课堂以生命的价值""办好每一所学校""为了孩子，做最好的自己""以良好家风引领家教""未来教育，人文当先""爱我所爱，无怨无悔""给生命涂上明亮的底色""没有爱就没有教育""每一个孩子都是我的骄傲"，等等。如果把陶西平教育思想看作一条完整、美丽的项链，那么，这些金句与箴言就是一颗颗闪光的珍珠，它们是陶西平教育思想的生动表达，是陶西平教育思想的精华所在。

研究陶西平先生的教育思想，就是在研究近 40 年来当代中国教育改革与发展的重大问题、解决路径及发展趋势，这对深化新时代中国教育理论体系与实践体系研究具有重要的借鉴价值。以对可持续发展教育论述为例，陶西平先生既关注可持续发展教育的国际演进、我国国家发展战略对可持续发展教育的需求、可持续发展教育的政策创新，又十分重视如何培养可持续发展价值观，如何推进可持续发展教育主导下的课程建设、教育教学方式改革、校园环境建设等，形成了他关于可持续发展教育促进优质教育的理论体系和实践操作体系的完整认识。认真研究与参照陶西平的此番理论认识和实践工作建议，我国可持续发展教育和生态文明教育就有了可遵循的正确方向与前进路径。

三、陶西平先生是众多教育工作者拥戴的敬爱导师

陶西平先生逝世后，无论是政府官员，还是普通的校长、教师，无论是北京的教育人，还是边远地区的同行，大家纷纷发表悼文、唁信，追思怀念文章铺天盖地，诸如"祖国情怀，世界眼光，博学睿智，奉献教育终身""他的全球视野和本土实践、大局驾驭力和微观洞察力都堪称完美""中国著名教育家与世长辞""中国教育界一颗灿烂巨星陨落""我们失去了教育界的卓越导师""他的名字与中国教育改革 40 年紧密相连""他的思想永远闪烁着引领时代潮流、昭示前进方向的绚烂

光辉"等赞誉与哀念如潮。这表明，陶西平先生广受全国教育界的钦敬与爱戴，是教育理论与教育实践创新成果集大成的光辉典范。研究陶西平先生丰富的教育思想和教育实践，将会为全社会树立起一个献身祖国教育事业的新时代教育家的崇高榜样。

回顾陶西平先生在无数中小学、幼儿园以及其他教育机构的考察与指导活动，我们可以看到，他之所以能够成为众多教育工作者的良师益友，是因为他的教育信条与工作教诲总能站在理论思考和人文精神的制高点，并且直接指向实践发展与人的发展的现实和长远需要，其具体特征有：

注重引导学习与解读国家重大的政策文件精神，并能够在深入浅出的论述中提出在实践中贯彻落实的具体解决方案。

注重引导学习与参照国内国际最新教育研究结论与成果经验，通过逻辑严谨的论证与客观周全的评述，帮助人们扩展思想视野与深化实践思考。

注重在准确全面了解学校与各类对话对象实际情况和需求的前提下，及时提出经过缜密思考而得出的最具创新性、指向性与实操性的工作建议。

注重时时处处保持学而不厌、诲人不倦、虚怀若谷、谦虚谨慎的工作作风与人格风范。

如果用一句话概括，我们可以说，作为中国当代教育家的卓越代表和大师级人物，陶西平先生既是让人需仰视才可见的经师之典范，更是令人心向往之的人师之楷模。

四、陶西平先生是教育理论与教育政策研究者的卓越楷模

由于陶西平先生积累了从教师、教导主任、校长、教育局局长，到国家高级教育咨询专家、国际教育合作与交流机构领导人等多级教育岗位的极其丰富的经验，更由于他几十年如一日，善于结合工作需要学习理论与国家政策进行深入的理论思辨，并且勤于写作，所以，他既不同

于只能提出理论概念却难于接地气的个别学者，也不同于只能讲述经验却难于实现教育思想领导的个别行政管理人员。他不仅能够适时提出与论证有关教育改革创新的一系列重要理论观点，而且善于结合实际将这些理论观点加以解读、付诸实践，并提出经过验证的实践思路与解决方案。这就是陶西平先生教育生命之树长青，耄耋之年仍然思想睿智、思维敏捷、思路清晰，对多方面重大教育问题总能做出不同凡响的正确预判与论述的主要原因所在。

陶西平先生在教育教学实践、教育管理、教育研究与教育咨询领域辛勤耕耘 65 年，如《沉痛悼念教育家陶西平》一文所言：他"严谨求实、锐意进取、乐于奉献、甘当人梯、扶持后学，为我国教育事业的发展做出了杰出贡献。他严于律己、宽以待人、淡泊名利、博学儒雅、厚德载物，体现了一名模范教育人的优秀品格，展现了一位优秀中国知识分子的精神风貌。"许多校长与教师的评价实属精当。

研究陶西平先生的生平与教育思想就是在引领中国当代教育改革与创新的历史潮流。一般认为，近百年来教育家当以陶行知、蔡元培为高端示范，近十年中不少媒体则树立了顾泠沅、魏书生等多位教育实践家作为领军人物。前者代表的是新民主主义革命时期教育先行者的卓越思想和实践；后者所体现的大多为 20 世纪后三十年至 21 世纪初一批当代教育改革实践开拓者的理论思考和实践创新。遍览陶西平先生的系列教育著述我们可以看到，无论就所关注与研究问题的跨度（从 20 世纪后期至 21 世纪初期长达近 40 年）而言，还是就所研究的主题与内容之全面性、整体性、系统性、现实指导性和长远导向性而言，以及就在新时代中国大局与国际大局相互对接背景下开展国际教育比较研究和合作交流的宽广视角而言，其思考、其视界、其行动、其影响，皆更显别具一格、特色非凡，鲜有出其右者。

基于以上，我认为，陶西平先生是教育理论与教育政策研究者的卓越楷模和崇高榜样，陶西平教育思想值得研究学习。

五、陶西平先生是中外教育友好合作交流的光荣使者

陶西平先生数十年如一日，始终致力于向国际社会介绍与展示中国教育的成功经验，同时积极吸纳与借鉴其他国家先进的教育思想和经验并开展比较研究，通过多样化平台，加深中外教育工作者的友谊，扩大中国教育的国际影响。无论在北京、上海、蓬莱、曲阜、香港，还是在亚洲、欧洲与北美洲、南美洲，都留下了陶西平先生传播中外教育工作者友谊和推动友好合作的足迹。

最为难能可贵的是，在开展中外教育友好合作交流的过程中，陶西平先生投注颇多时间与精力用于国际教育理论和实践的比较研究，并将多方面思辨与研究结论应用于我国教育改革和创新实践之中。比如，从考察意大利艺术高中联想到高中教育功能如何正确定位，从参观俄罗斯中小学联想到中俄教育交流的历史经验，并且对我国如何实现全方位的教育开放提出建议，在考察韩国农村学校后，引导人们深入思考农村城镇化发展与农村优质教育的相互影响和制约关系，从评判美国两届政府先后发布的《不让一个孩子掉队法》与《每一个学生都成功法》的不同内容与实效，论述调整质量标准、监测方式与问责制度对推动教育改革的作用，从对时尚教育概念"翻转课堂"的解读，启发校长、教师深入理解获取知识与内化知识、预设课程与生成课程的逻辑关系，进而更加理性地借鉴国际经验等，可以说，陶西平先生是近40年来以民间方式高水平推动中外教育友好合作交流事业贡献最为卓著的一位光荣使者。

有专家认为，教育家大致有三种。一是从教师队伍中脱颖而出，成为知名或著名的育人专家、教育家。二是从大学中走出的教育思想家、理论家。三是在校长队伍中成长起来的学校管理专家、教育家。显然，不同于这样的教育家，陶西平先生是集教育理论家、教育实践家、教育活动家于一身的大师型教育家。

在20世纪40年代，由于陶行知先生又研究理论，又开展教育实

验，又建设学校，又参与社会活动，全方位地开创了新民主主义革命时代教育的崭新潮流，被毛泽东主席赞誉为"人民教育家"。此后数十年来，陶行知先生的教育思想仍然影响着当今中国教育的发展。在今天的社会主义新时代，我国教育现代化发展进程同样需要这样的新型的伟大教育家引导前进方向。综上所述，我们可以认为，陶西平先生就是这样一位伟大的新时代的教育家。

（原载于"寰慧文院"公众号，2020 年 7 月 8 日）

实现教育过程的整体优化
——陶西平教育思想评述①

成尚荣②

2020 年 5 月 19 日早晨，陶西平先生在北京逝世。噩耗传来，我立即起身，向着北方三次鞠躬，遥祝先生一路走好，然后呆坐在椅子上，不禁遥想当年。

1986 年初冬，国家教委组织了改革开放后第一个"中国小学教育赴美考察团"，陶先生是团长，我是团员。那是我第一次见到陶先生，也是第一次与先生相处十多天，而且是在异国他乡，感触很深。当时我对美国尤其是对美国小学教育知之甚少，但是陶先生对此却相当熟悉，足见他的视野之宽、功底之厚、"备课"之认真。他每一次的致辞，他交流中的谈吐，他考察后的评点，都让所有人钦佩不已。陶先生给美国同行留下了极深的印象，我想这不仅是因为他儒雅的君子之风，更重要的是他的眼界、见识和前瞻性的教育理念，他代表着中国教育人的形象。现在回想起来，也许正是那一次赴美考察，让陶先生加快了国际教育交流、合作和研究的步伐。

大概是 2015 年，江苏南通名师培养导师团委托我邀请全国著名教育家讲课，我第一个想到的就是陶先生。我知道陶先生的行程安排很满，所以用试探的口气给他打电话，没想到先生一口应允。我第一反应是先生是个念旧情的人，他虽然身材高大，却身姿很低。那是一个夏天

---

① 本文写作参考了顾明远、罗洁、沙培宁、刘长铭、刘华蓉等人对陶西平先生的怀念文章，在此一并致谢。

② 原江苏省教育科学研究所所长。

的傍晚，先生从北京到上海，又风尘仆仆地来到启东的一个乡郊。对于第二天的讲座，听课的未来名师们反映极好，用八个字来概括——"家国情怀，国际视野"。我们在东海边，瞭望大洋彼岸，国际教育改革的信息在这里汇聚，形成了一种特有的气象。

当然，30多年来，我和陶先生的接触还有很多次，每一次接触都有新的感悟。哲学家贝尔纳黛特·盖里泰-埃斯说，每一次的经历都是"在时间里注册"。时间记录并"注册"了陶先生的教育思想，于我则是"注册"了对陶先生教育思想的真切感受。

一、陶西平教育思想透射的文化特征

"我们全部的尊严就在于思想。"帕斯卡尔这一关于思想价值的判断至今仍是经典。我们对陶西平先生的尊重就在于对他教育思想的尊重，思想让陶先生获得了崇高的尊严。陶先生的淡定、儒雅，在于他思想的通达和坚定，他的教育思想犹如一叶智慧的扁舟，带着我们远离浮华虚空的此岸，驶向未来可触摸的彼岸，于是我们也增加了一份淡定和自信。

思想在时间里"注册"，同时"注册"的还有情怀、道德、文化，最终"注册"了人格。因此，思想并非虚无缥缈，而是有落脚的地方。也正是落脚于情怀、道德、文化，思想才得以孕育并生长起来；长在人格深处的思想才有力度，才会真正成为人的灵魂。对陶先生教育思想的学习和研究，也要遵循这样的理念与理路，从他人格的方方面面来透视他教育思想的文化特征。

1. 人格特征："尊德性而道问学"——教育思想中透射出的大情怀

陶先生是做学问的人，是有学问的人，但他首先尊德性、有道德，两者联系在一起便是道德文章俱佳。尊德性，表现在他对人的尊重，他是个有情有义的人。大凡母校北京四中请他去做讲座，即使原本请的不是他，他也毫不计较，爽快答应。在陶先生的心目中，母校永远是圣洁的，是要感恩的。担任北京市第十二中学校长时，他给学校留下的最宝

贵的财富是"同心同德，兢兢业业，求实创新"的校训，以及严于律己、宽以待人、淡泊名利、厚德载物的形象。后来即使当了北京市教育局局长、北京市市长助理、中国教育学会副会长、联合国教科文组织协会世界联合会副主席，他也总是说，我顶多算是一名比较认真的教育工作者。30多年的时间，他一直亲自指导《中小学管理》发展，担任首任主编和编委会主任，坚持实践取向，使这本杂志成为教育学术期刊里独特的风景。他对边远地区、贫困地区教育的关怀，更是满蘸浓浓的情、深深的爱。人格的高尚，让陶西平教育思想温暖而美好，也更有力量。陶先生以自己的道德情怀站在学术研究的制高点上。"尊德性而道问学"成为陶西平教育思想的人格特征，成为他作为教育家的精神标识。

2. 论域特征："致广大而尽精微"——教育思想中透射出的大格局

陶先生研究教育有大视野。既研究宏大问题，从发展战略上思考问题，提出整体性策略，又从小处着手，具体入微，一步一个脚印，一个环节、一个环节地去落实。他将中国教育研究与国际教育研究结合起来，统一在一起。"本土情怀，国际视野""全球趋势，本土行动"是对陶先生研究领域之宽之深的共同评价。他将基础教育与其他类型教育的研究关联起来、贯通起来。普通教育与职业教育，公办教育与民办教育，中小学教育与幼儿教育、特殊教育，等等，他都予以关注。他将课程、教学、评价、管理加以整合，形成研究链条……大视野带来大格局，大格局带来大气象。他充分肯定北京四中"大气成就大器"的观点，并进一步阐释说："好的教育确实应该是'大气'的教育。这种'大气'指广阔的视野、长远的目标、深厚的底蕴、高雅的品位。"致广大而又尽精微的大格局、大气象在陶西平教育思想中熠熠闪光。

3. 取向特征："极高明而道中庸"——教育思想中透射出的大智慧

沙培宁老师在对《陶西平教育漫笔选集》的书评里这么评述："陶老对'涌动的潮流'的关注，不是停留在相对平滑、明朗、光鲜的理念或理论的表层，而是沉潜到可能有暗礁、有湍流、有起伏的河床，有曲折的河道的实践深层"，"从广袤的大地中生长出来"，"基于田野、回归田野、天地融合"。此评述极是。研究者们总是在理论与实践的关系中摇摆、徘徊，以至发生偏差。陶先生却从来没有，他的研究总是带着从容中的自由、平衡中的高蹈，因为在他的教育思想中，理论与实践原本就是融合的、贯通的，两者相互趋近，然后在某处会合。这是中庸之道。中庸之道是"极高明"的，是一种大智慧。所以有人评论称，陶先生是教育实践家、理论家、引领者、领导者。中肯的评价道出了陶先生"上下求索而常人不能为之"的楷模形象。庄子关于大智慧的论述"大智闲闲""大言炎炎"已鲜明地凝结在陶先生的身上。

陶西平教育思想的核心特征，用一句话来说就是"我还是那颗心"。这颗心熠熠生辉，照亮了他的教育思想，照亮了教育的天空。

二、陶西平教育思想的核心主张

因为论域宽、致广大，陶西平教育思想有许多触角，有各种不同类的闪光的侧面，就像是一处处金矿，可以汇聚成一座金山，等待我们去探索和开发。可以说，陶西平教育思想的丰厚性在诸多教育家中是不多见的。

陶先生的思想丰厚、多视角、多侧面，但并非散乱，而是有一个核心主张将各方面的论域串联、贯通、编织起来，形成网状结构，提纲挈领，彰显其教育思想的整体性、系统性和层次性。这个核心主张是什么，又在哪里呢？有个情景让所有人为之动容：病重期间，陶老已无法睁眼，无法自主呼吸、进食，只能靠呼吸机和鼻饲维持，医院已报病危。就是在这种情况下，陶先生闭着眼睛，摸索着在小白板上写下一行字："我的教育追求就是实现教育过程的整体优化。谢谢大家，我还是那颗心。"发自肺腑的这句话——"实现教育过程的整体优化"，正是陶西平教育思想的核心主张。这一核心主张在他心里已存活了几十年，从萌芽到形成，到发展，到结出丰硕的果实，直到他走的最后一刻，念兹在兹。这是他为之奋斗一生的心愿，是支撑他一生的永恒价值，是他给后世教育改革的一个庄重的交代，是留给我们最为宝贵的思想财富，是他那颗滚烫的心，永不改变，忠贞不渝。这一核心思想构成了陶西平教育思想的体系，是陶西平教育思想的魂与魄。

1. "实现教育过程的整体优化"的学理基础与本质

"实现教育过程的整体优化"是陶西平教育思想的本体论。教育是各种要素相互作用的完整的活动，是各种要素互动、生成意义的过程。教育过程的完整性是教育的题中必有之义，是教育的命义。教育哲学家怀特海在《教育的目的》里用注释的方式，以一个比喻道出了教育的这一命义："我不愿意为取金蛋而杀掉我的老母鸡。"老母鸡是不能被肢解的，也不能为了结果——取金蛋而杀掉老母鸡这一生命体。因此，怀特海开宗明义："零零碎碎的信息或知识对文化毫无帮助。"再往深处讨论，教育是培养人的活动，教育过程的整体优化也是基于人的整体发展的必然要求。人的整体性要求教育过程的整体优化；教育过程的整体优化，促进了人的全面发展，整体优化教育的过程亦是整体优化人的发展的过程。十分遗憾的是，原本众所周知、毋庸置疑的常识，却被无情地遗忘、丢弃。但是，陶先生将这一常识深深扎根在心里，以至成为他的"那颗心"，坚信不疑、坚定不移。熟知并非真知。陶先生始终不渝坚守这一核心主张，不只是着力于整体，更是着眼于过程的整体优化。教育过程不是各要素的简单组合，而是在整合时的科学、合理、融通和升华。

2. "实现教育过程的整体优化"的核心价值

"实现教育过程的整体优化"是陶西平教育思想的核心价值观。

核心价值要义之一：追求教育公平与义务教育均衡发展。2008年起，陶先生参与《国家中长期教育改革和发展规划纲要（2010—2020年）》（以下简称《教育规划纲要》）的研制，担任国家教育发展战略教育公平组的组长，后又担任国家教育咨询委员会义务教育均衡发展组组长。他非常鲜明地提出："树立科学的教育公平观"，"为了真正的教育公平"，"要更加注重教育公平"。实现教育过程的整体优化首先指向教育的公平，实现义务教育的均衡发展。

核心价值要义之二：促进教育的可持续发展。整体优化过程与可持续发展有着密切的内在关联性，陶先生将两者统一起来。他在担任中国可持续发展教育指导委员会主任时，着力于推进可持续发展教育的时代特色、能力建设以及学校与地区的素质教育实施。他所主持的这一项目被国际权威专家称为"旗舰项目"，推动了"重视可持续发展教育"理念写入《教育规划纲要》。显然，教育的可持续发展是"实现教育过程的整体优化"的重要目的和显著特征。

核心价值要义之三：推动教育现代化建设。教育现代化的本质是人的现代化，其过程是漫长的。教育过程的整体优化说到底是对人的全面发展的整体优化，人的全面发展的整体优化必然推动教育现代化的进展。陶先生主持"区域教育现代化"研究，将研究方向定位于区域教育现代化的途径和评价体系，旨在通过协调发展推进教育过程优化。

3. "实现教育过程的整体优化"的体系建构

"实现教育过程的整体优化"是陶西平教育思想中的系统论。整体优化不是偏于一隅，也不是平面的，当然更不是碎片化的。陶先生立足于整体优化，着力建构一个较为健全的教育体系，将整体优化落实在体系建构中。在教育的类别上，陶先生在关注基础教育的同时，关注并研究职业教育，提出："发达的职业教育是建设现代化强国的必要条件"，"职业教育改革势在必行"，其关键是"与时俱进"。他关注并研究民办教育，是《中华人民共和国民办教育促进法》起草领导小组成员，2008年起担任中国民办教育协会会长，召唤"肩负起民办教育的社会责任"，建起"中国民办教育发展史上新的里程碑"。他关注并研究家庭教育，协调各方面力量，推动家庭教育指导行动。在他的影响下，北京市的家庭教育为全国树立了一个榜样。在教育的体制问题上，陶先生坚持义务教育以县为主的主张。在教育机制问题上，陶先生特别强调加强教育督导和教育评价。

4. "实现教育过程的整体优化"的突破口

"实现教育过程的整体优化"也是陶西平教育思想中的方法论。整体优化需要有切入口和突破口。陶西平研究教育过程的整体优化，有几个重要的切入口和突破口。其中尤为重要的是学校内部管理体制改革与教育评价。如上文所述，教育过程整体优化关涉教育体制改革。陶先生在研究宏观教育管理体制改革的同时，大力推进学校内部管理体制改革。在担任校长期间，陶先生借助系统论，分析了学校内部管理诸因素的相互关联和制约关系，提出以整体优化思想改革学校管理体制，实施校长负责制、教职工代表大会制、教职工聘任制三位一体的管理体制改革，激活了学校的创造力。在担任北京市教育局局长后，他向市政府提出在全市推进学校内部管理体制改革，开创了激发学校内部活力的理论与实践。此外，他将教育评价改革作为突破口，用评价撬动改革，推进教育过程的整体优化。陶先生主编的《教育评价辞典》正是其教育评价理论与思想的集中体现。

三、陶西平教育思想的核心关切

陶西平教育思想致广大，又尽精微。广大并不意味着大而无边，必须落实到具体的改革载体上；同样，尽精微，也不意味着丢掉全局而拘泥于细枝末节，不能跳脱出来。致广大与尽精微在陶西平教育思想中得到了完美体现，他将这一核心关切落实在学校教育教学改革之中。这一选择并不难理解。陶先生是从学校走出来的，对学校的内涵建设以及内部管理改革有亲身的实践，那份情怀、那种经历让他始终把关切的目光投向学校。更为重要的是，学校是教育的细胞，每一个细胞健康，教育的肌体才会健壮。无论是杜威的实验学校，陶行知的晓庄学校、育才学校，苏霍姆林斯基的帕夫雷什中学，还是当今的北京十一学校、清华大学附属小学等，纵观中外教育改革，大多是从学校的改革实验开始的。陶先生关于教育过程的整体优化的思想也是起源于他任北京市第十二中学校长时的教育整体改革。陶先生深谙这些史实与现实，又听从时代的召唤，用尽精微支撑致广大，让中华传统文化的思想精髓在今天的教育改革中得以弘扬。学校教育教学改革、管理改革是陶西平教育思想中极为闪光耀眼的一部分，他的那颗心永远在可爱的校园里跳跃。

1. 对学校素质教育的关切

陶先生对素质教育有自己的独到见解。他认为，推进素质教育应聚焦于教与学，要为时代而教，为发展而教，为"不教"而教。为时代而教，即素质教育既要扎根中国大地、办出中国特色，又要适应时代要求，跟上时代步伐，让素质教育带领我们走向未来。为发展而教，即学生是发展中的人，发展中的人是不断完善、不断进步的人，发展要走在教学的前头，教学要促进发展，素质教育是以发展人的素质为宗旨的教育。为"不教"而教，即发展是不可代替的，"不教"是为了彰显学生的主体性，教是手段与过程，"不教"才是目的；教是暂时的，"不教"才是永远的。陶先生在"教"与"不教"中让思想充满张力，孕育教学的精彩。为时代而教，为发展而教，为"不教"而教，最终是为了育人。对人的关切，对育人的关切，是陶先生对素质教育的核心表达。

2. 对学校德育的关切

"尊德性而道问学"的人必然关注和研究德育。陶西平教育思想中关于德育的研究有三个重要特点。一是德育首先是对人的尊重。尊重是人性的起点，是道德的起点，当然也是教育的起点，从尊重人开始的德育才是审美的、愉悦的，才是让人站立起来的有尊严的德育。二是研究德育流程。德育流程是基于学生品德养成过程之规律的探寻。德育流程离不开德育方式，德育方式必定是道德的方式，假若方式不具备道德性，那么德育就会偏离道德的轨道。只有让德育流程回归德育本来的规定，德育才能够名副其实。三是增强德育的渗透力。道德教育应是无痕的，但最终是"有痕"的，是长期的无痕德育在人的文化心理上的沉淀。"随风潜入夜，润物细无声"，这是智慧的渗透，其结果是"春种一粒粟，秋收万颗子"。

3. 对开发学生潜能的关切

2000 年 8 月，陶先生代表中方与美国亚利桑那大学琼·梅克教授签订了"借鉴多元智能理论，开发学生潜能的实践研究"课题项目。

这项国际合作项目通过研究逐步形成适合学生多元潜能的学校课程和以"问题解决"为导向的教学策略，以及相应的多元多维教育评价体系，为国家基础教育课程深化改革提供了参考依据。开发潜能直接指向学生未来发展的无限可能，同时又将无限可能呈现在当下现实性的整体优化上。

顾明远教授为陶西平先生仙逝题写了一副挽联："祖国情怀，世界眼光，博学睿智，奉献教育终身；共同理想，交谊四旬，相济相助，泪送挚友仙逝。"这既是对陶先生人格的赞美，也饱含着对陶先生教育思想的肯定与赞颂。

（原载于《中小学管理》2020年第6期，收入本书时文字有部分调整）

陶西平对教育的"灵魂拷问"和生命作答

谢春风①

2020 年 5 月 19 日，我国教育界老领导、著名教育家陶西平先生离开了我们。他生前对立德树人、一体化德育问题十分关注，经常从战略视角思考教育基本问题和育人策略。因工作的关系，我曾就一些问题多次当面请教陶西平先生，聆听他的教诲。他生前对学校基本教育任务和使命的"灵魂拷问"，依然声声在耳；他为破解我国教育难题而做出的诸多努力卓有成效，影响深远。他对自己提出的教育的"灵魂拷问"做出了精彩的回答。

一、"灵魂拷问"的提出

2018 年 9 月，我陪同北京市人民政府教育督导室原副主任、北京市学校德育研究会筹备组副组长关国珍，拜会陶西平先生，就如何积极落实党中央、国务院关于大中小幼一体化德育体系构建的新任务，征求他的意见和建议。陶西平先生对北京市率先成立大中小幼学段衔接、家庭学校社会横向协同的北京市学校德育研究会给予了高度评价。他认为，这是新时代首都德育创新发展的标志，是新生的教育事物，有利于育人共同体的建设。

其间，我斗胆请教陶西平先生一个颇为时髦的问题："请问陶西平先生，您觉得我国学校教育应该如何有效回答'钱学森之问'呢？"听到我的提问，陶西平先生的神情变得严肃起来。他若有所思，忽然向我反问："请你先不要问我如何回答'钱学森之问'，我请你先回答一个

① 北京教育科学研究院德育研究中心主任。

问题，我们的大中小学和幼儿园如何才能不培养那些破坏社会的坏人？"面对他突然的拷问，我一时语塞。陶西平先生继续追问："如果我们的学校连培养好人的基础工作都做不到，怎么可能真正回答好'钱学森之问'呢？我觉得，培养好人的工作更重要、更急迫。"陶西平先生提出的这个严肃而直抵人心的"灵魂拷问"，令我一直处于深深的教育反思中，使我进行学术和实践探究的责任感也日益增强。

二、"灵魂拷问"的深意

陶西平先生提出的这一"灵魂拷问"，实际上反映了他对我国教育根本问题的强烈关注、深刻思考和殷殷期待。陶西平先生的教育追问，涉及如下几个基本问题。

1. 教育的核心价值是什么？

这是一个终极之问，涉及教育本质、教育初心。古往今来，国内国外，围绕"教育究竟是什么"的话题，仁者见仁，智者见智。在新时代，教育的基本内涵有什么新变化？教育的核心价值是什么？教育者如何与时俱进？陶西平先生一直在深入思考和探究。

2. 学校教育的使命是什么？

陶西平先生的"灵魂拷问"，实际上提出了学校教育的基础任务和办学目标问题。大中小学和幼儿园都是育人成才的地方。如今，学校形式方面的变化可谓轰轰烈烈，但遗憾的是，不少学校在形式主义、功利主义的干扰下，逐渐迷失了对教育使命的理性判断，陶西平先生对此表示深深的忧虑。教育者明白学校教育的使命是什么，才是一种教育理性的回归、教育伦理的升华。

3. 学生应该是什么样子的？

陶西平先生是学贯中西的教育大家，访问过世界上很多学校，对不同国家和地区的教育特色、学生个性、文化差异有深刻的洞察。他曾经提出，教育者要关注孩子的眼神，要让孩子的眼里有光，脸上有微笑，心里有爱。陶西平先生的"灵魂拷问"，实际上是对学生作为独立而有尊严和价值的主体人的深度关怀。

4. 教师意味着什么？

"师者，所以传道、授业、解惑也。"教师是育人的主体，是教育的主导者，是代表党和国家、家庭和社会履行教书育人、立德树人使命的灵魂工程师。但在复杂的外部环境的影响下，教师队伍发展还存在不少问题，教师之间的差异明显，极少数教师的素质和能力不符合育人的专业标准。陶西平先生的"灵魂拷问"，实际上是教育的一副"清醒剂"，给广大教师提出了希望，明确了要求。

5. 道德教育究竟是什么？

《大学》曰："大学之道，在明明德，在亲民，在止于至善。"陶西平先生一直高度重视中华优秀传统文化的道德教化作用。育人为本，德育为先，"德智体美劳全面发展"，体现了道德教育的重要性。但道德教育的内涵是什么？如何把社会主义核心价值观教育和学生良好行为习惯培养统一起来，如何不培养"破坏社会的坏人"，多培养建设社会的好人，成为陶西平先生生前对德育内涵的深度思考。他对我国德育实效性不强问题的成因进行了透彻的分析，指出了改进的方向。

6. "钱学森之问"如何回答？

我曾两次请教陶西平先生关于"钱学森之问"的答案。2018年9月，当我再次请教陶西平先生如何破解"钱学森之问"时，他却提出了反问。这说明，陶西平先生一直在思考"钱学森之问"的本质和解决之道，他针对"钱学森之问"进行了系统思考，提出了自己的洞见。陶西平先生以反问的方式深刻回答了如何解决"钱学森之问"的难题，不愧为一代教育大师。

三、"灵魂拷问"的生命作答

1. 教育内涵：公平、质量和活力是我国教育的核心价值

陶西平先生是教育战略家，往往从哲学高度和价值观层面思考问题，他提出的教育主张很有预见性和针对性。"公平、质量和活力是我

国教育的核心价值"观点的提出是陶西平先生为推动我国教育价值观建设所做出的巨大贡献。

2011年4月，陶西平先生在回答我拜访他时提出的关于我国流动儿童教育行政伦理决策困境问题时指出，教育的核心价值缺失是当前教育行政决策面临的最大的问题。"我国教育的核心价值，应该是公平、质量和活力。就是说，教育公平是国家的基本教育政策，提高教育质量是教育工作的核心，建立一个具有活力的教育体制是重要的保障。"在当前经济发展水平较高特别是义务教育普及的背景之下，我们要更多地注重教育公平，将教育公平作为基本政策，作为教育政策的核心价值取向，这是十分必要的。不管是从建设人力资源强国的角度看，还是从满足人民群众个人发展的需要看，或是从构建和谐社会、促进社会稳定的层面看，我们都要更多地注重公平，这是非常重要的。"但是，在以公平为准的时候，也要考虑到效益。当前，公平与效益统一在法律上，依法执教，用法律体现公平与效益的关系协调点。"

陶西平先生深刻分析了公平、质量和活力的关系，指出了三者的互动性、发展性和平衡性特征，强调要防止决策判断的简单化和绝对化。他指出，不能把公平绝对化，因为社会要不断发展，教育水平要不断提高。"如果又回到满足于低水平公平的角度上，就不仅不利于整个小康社会的建设，更不利于社会的现代化。公平与效益是动态的平衡。两者的关系处于一种动态的发展过程中。"

如何解决我国教育工作面临的一系列新问题和新挑战？向教育科学研究和教育实验要答案，这就是陶西平先生的回答。"教育改革与发展应当适应现实需求，由问题引领，从理论和实践结合的角度进行。一方面在转变观念中改革创新，在更新思路中真抓实干，在大胆实践中破解难题；另一方面，在寻求突破难点的同时，探讨如何处理好各种关系的协调发展。因此，加强教育的科学研究与实验，就必然成为新常态下迎接挑战、深化教育综合改革、为教育事业健康发展注入活力的重要环节，也必然成为引领和推动我国教育事业达到全面建成小康社会应有水平的重要保证。"

2. 学校教育的使命：为学生扣好人生的第一粒扣子，教育过程需要整体优化

陶西平先生经常强调好习惯养成的重要性。他认为，习惯就是基础素质，学校最重要的任务就是培养学生的好习惯。2015 年，他撰文指出，习惯是一个人素质的外在表现，是长期养成的相对定型的反应倾向、思维方式和行为方式。反应倾向影响着价值取向，思维习惯影响着思维方式，行为习惯影响着行为方式，所以习惯是基础素质的重要体现。"习近平主席说，教育很重要的任务是要扣好人生的第一粒扣子。教育怎样才能够帮助孩子们扣好人生的第一粒扣子呢？我觉得重要的是培养好的习惯。陶行知先生说过，教育是什么？教人变。教人变好的是好教育，教人变坏的是坏教育。活教育教人变活，死教育教人变死。叶圣陶先生说，教育是什么，往简单方面说是培养习惯。幼儿教育要为人的一生打基础，必须重视培养幼儿良好的习惯。"

2019 年 5 月 27 日，为请教他提出的教育"灵魂拷问"和一体化德育问题，我陪同关国珍同志再次拜会陶西平先生。当时，陶西平先生虽然身体有些虚弱，但精神矍铄，充满了对我国一体化德育的热情和信心。他强调，大中小幼一体化德育的学段衔接，学校、家庭、社会的协同育人，其实是在做一件事，那就是如何切实培养学生的好习惯、好品格。这是解决实际问题的真功夫。基本的才是重大的，而基本的就是道德行为习惯。要紧紧抓住这个最基本的问题不放，立德树人就是有效培养具有好习惯、好品德的好人。

针对不少校长反映他们平时疲于应付各种会议、检查而很难专注于教育教学的问题，陶西平先生强烈呼吁，缓解现有的陈旧而僵化的管理方式所带来的困扰，必须有实实在在的体制、制度和措施变革来保证。"重新审视现有的管理流程，并且下决心进行流程重构，就成为当务之急。对学校管理流程的重构，必将引导学校内部管理的流程再造，这样才能使教师能将主要精力真正用于提高教育教学水平。"

2020 年 6 月 9 日，北京市教委刘宇辉主任、北京教育科学研究院方中雄院长联合主持的北京市"十三五"教育重大问题"陶西平教育思想研究"项目组举行研讨会。当时应邀参会的《中小学管理》杂志原主编沙培宁老师和陶西平先生生前的秘书贾伟、崔鹏老师，相继透露了陶西平先生病重期间非常感人的生命细节。2019 年 11 月底，陶西平先生自知身体健康状况不佳，于是留下了他的教育遗言："我的教育追求就是实现教育过程的整体优化。谢谢大家，我还是那颗心。"是啊，教育过程只有实现整体优化，才能给学生扣好人生的第一粒扣子和所有的扣子。这是陶西平先生给予我们的最后的教育嘱托。

3. 教师队伍：教师要强素质树形象，倡导教育家精神，开展微创新

新时代的教师应该具备什么素质、树立什么形象？陶西平先生以自己的模范行动对此给予了诠释。他还强调，"应当提倡教师是每位学生的最可信赖的朋友。在市场经济的大潮下，教师应当以其公正、清廉和对学生的热爱，取得学生的信赖。学生对教师的信赖，实际上是学生对社会信赖的起点。这种信赖，不是屈从于师道的尊严，而是发自内心的敬佩。因此，学生的信赖应当是教师的追求。教师应当是每个学生的朋友，不要只是让学生抬头仰望教师而肃然起敬，更应当让学生感到可以平等地看待教师而推心置腹。教师应当是每个学生的朋友，而不是一部分学生的朋友。教师正是要以这种形象来增强学生的民主意识，培养学生的自立精神。"

陶西平先生积极支持教育家办学，主张发扬光大教育家精神，鼓励每个老师立志成为教育家。他认为，倡导教育家办学需要探讨两个问题：第一，什么是教育家？第二，教育家的成长之路是什么？教育家都是时代的产物。在适应社会发展的过程中，教育会面临许多新的问题，特别是在社会的转型期，依据原有的教育理念、教育体制、教育方式等培养出来的人往往难以适应社会转型的需求，因此这就必然促使教育的转型。同时，转型期社会也极易产生对教育的诸多不满，以及许多教育的困惑与问题，这些困惑与问题就需要有人从理论和实

践结合的角度来寻找答案。"我想，在社会的转型期，能够从理论和实践结合的角度，回答和解决教育面临的一个或者几个问题的人就是教育家。什么是教育家精神？有定力、有创造、有担当，这就是教育家精神。"2017年11月8日，以"固本·创新"为主题的"教育家办学实践研讨会"在北京市海淀区实验小学举行，我有幸参加此次研讨会，现场聆听了陶西平先生的洞见。陶西平先生高度评价了赵璐玫校长的办学思想，并提出了教育创新和校长、教师的关系。他认为，教育创新不是一蹴而就的，学校要聚焦学生核心素养的提升，以提高教学质量为核心，精心构建富有特色的课堂形态，宏观规划课程体系，微观创设课程内容，促进师生教学相长，营造开放自主的教学环境，使得知识构建、方法习得、生态养成实现三位一体，这必须依靠激活校长和全体教师的终端活力才能实现。

陶西平先生呼吁，全社会为教师的微创新提供宽松和谐的氛围。他在纪念邓小平同志发表"三个面向"30周年时指出，创新性是"三个面向"的精神特征。实践"三个面向"是前无古人的伟大事业，而创新就成为其现实推动力。我们要推动教育理论和教育体制的创新，这是指导我国教育整体改革的根本。同时，我们也要鼓励一线的广大教育工作者针对遇到的教育教学实际问题进行积极探索的微创新。"只有全体教育工作者都充满创新的激情，我国走向现代化、走向世界、走向未来的步伐才能真正加快。因此，我国一方面要创造更加宽松的创新环境，为教育创新提供更加广阔的天地；另一方面又要防止创新活动的形式主义，避免搞了很多花样但无实际效果，工具理性很强但价值理性缺失。"

4."钱学森之问"：要处理好普及与提高的关系；集大成，得智慧

当钱学森同志提出"教育之问"后，陶西平先生在第一时间给予了关注、思考和解答。2011年春，陶西平先生在接受我专访时就回应了"钱学森之问"：我们既要提高广大劳动者的素质，又要满足广大群众接受良好教育的需求，也就是保障公平的受教育的权利。另外，我们

又要回答钱学森之问：为什么我们培养不出世界级大师，培养不出精英人才？总体上讲，从教育体制来看，我国教育正在实现由精英教育向大众教育的转变。但是，我们的精英人才也没培养出多少。当然，这与人才培养模式有关。"在公平与效益应该兼顾的时候，我们比较多地考虑了效益，关注了效益。但同时，也不能说我们完全忽视了教育公平，因为我们也一直在普及义务教育。"

2014年，陶西平先生指出了拔尖人才成长和基础教育质量的密切关系，认为"钱学森之问"吹响了中国拔尖创新人才培养的号角，已成为我国教育事业发展的一道艰深命题。拔尖创新人才的培养不仅是大学的责任，更是基础教育的责任。当前，我国教育改革进入关键时期，拔尖创新人才培养应该成为各教育阶段着力解决的问题，特别是基础教育阶段，这一阶段对拔尖创新人才的培养起着奠基作用。唯有解决好基础教育阶段拔尖创新人才培养的问题，才能真正"形成各类人才辈出、拔尖创新人才不断涌现的局面"。

陶西平先生赞赏钱学森倡导的"大成智慧学"，认为它能够使人们在面对新世纪各种变幻莫测、错综复杂的事物时，迅速做出科学而明智的判断与决策，并能不断有所发现、有所创新。他提出，深化教育改革，全面推进素质教育是培养创新型人才的根本途径。而钱学森的大成智慧学对基础教育改革与创新有着深刻的指导意义。"大成智慧学给教育改革的启示是：一是集大成，二是得智慧。大成智慧学本身就是集对历史、现实和未来的思考，集对人才成长和个人体验的思考，集对东西方教育的比较之大成而得出的规律性认识，是教育思想的创新。创新型人才是积累而生成的，教育的任务是为其积累创造生成的条件。因此，必须创新人才培养模式——注重学思结合，注重知行统一，注重因材施教。"

2018年9月，陶西平先生在提出教育的"灵魂拷问"时强调了基础素养对顶尖人才的重要性，如果我们的学校不能培养出众多习惯良好、品德优秀的好人，"钱学森之问"就无法得到很好的解决。可谓基础不牢，地动山摇。

5. 道德教育：积极创造育人的良好环境，德育要从至虚至繁到至实至简

陶西平先生的"灵魂拷问"是对教育实效性、立德树人长效性的追问，更是对良好育人环境的期待。他曾经教诲我，当大家都不喊德育重要了，德育就真的重要了；当德育不只是一部分人专门在做时，德育就真正融入学校及家庭生活的各个方面了。

如何创造良好的育人环境，为立德树人打下良好的基础？陶西平先生认为，李吉林老师坚持的情境教学和情境教育具有广阔的前景。他指出："改变传统教育的局限性，拓宽教育的途径，拓展教育的功能成为适应 21 世纪发展和实现中国梦之必然要求。李吉林老师情境教学更为深刻的意义就在于其以成功的理论研究与实践，展开了一幅新时代教育改革的壮丽画卷，生动地阐明了教育改革的要义，引领了教育改革的方向。情境教学正是在体现学科特点的同时，张扬了学科教学的共性，从而体现了培养健全人格的教育宗旨。这对深化教育改革有着重要的启示和引领作用。"

2012 年春，我和北京市教委基础教育一处王蕤副处长一起，就新时期青少年德育发展策略问题请教陶西平先生。他认为，价值观教育缺失、学科德育薄弱和师德建设有待加强是我国青少年道德教育面临的三个突出问题。陶西平先生为破解这种德育困境提出了系统的策略，即：将至虚归于至实，将相对抽象的概念体系变成实在的、通俗易懂的教育内容，使学生容易把握；将至繁归于至简，化繁为简，在工作提法上进一步凝练，突出德育的重点和阶段性；狠抓师德建设，积极营造良好的课堂文化；注重实效，改变学生的行为方式，培养中小学生良好的行为习惯。课堂文化是学校文化的课堂体现，是学校文化价值在教学过程中的体现。这也是他倡导大家积极学习李吉林老师的情境教学和情境教育智慧的原因。

2018 年 9 月，陶西平先生针对大中小幼一体化德育体系建设提出

建议，一体化德育体系构建是巨大的教育系统工程，必须从接地气的小问题研究开始，防止空对空。学校的校风、学风、校纪和学生奖惩机制等问题，都迫切需要我们研究解决。社会主义核心价值观教育要从教育细节和小事做起，教育大道理往往离不开师生身边的小问题。

2018年11月8日，陶西平先生和中共北京市委教育工委常务副书记郑吉春同志一起，为新成立的北京市学校德育研究会揭牌。首都学校德育研究与实践进入了大中小幼一体化贯通的新时代。

6. 学生形象：心中有担当，脸上有微笑，生命底色明亮，乐观向上

儿童的身心健康成长问题，在陶西平先生心中占据着最为崇高的地位。教育非常复杂，涉及方方面面，但归根结底，就是为了学生的健康发展、人生幸福和社会价值的实现。所以，陶西平先生一生的教育追求，就是为了给学生的生命成长涂上明亮的底色，让教育的失败率为零，使每个学生都有担当社会责任的能力和信心。

陶西平先生在评价北京市第一六六中学开展博雅教育、培养博雅学子的特色时说，是否可以把"博雅学子"的特点归纳为这样两个："心中有担当""脸上有微笑"。第一个特点，"心中有担当"。担当就是负责任，对国家、对民族、对社会、对人民、对他人、对家庭、对自己，都是负责任的。第二个特点，"脸上有微笑"。微笑不只是一种表情，更是一种心态。它表明我们面对生活是乐观的，面对任何困难都是有信心的。一个人只有对我们的祖国有信心，对我们生活的时代有信心，对我们自己的未来有信心，他的脸上才会带着微笑。

几十年来，陶西平先生积极支持北京第一师范学校附属小学（简称"一师附小"）开展快乐教育实验。他认为，这是学校基于立德树人宗旨，努力让学生在经受成长中遇到的各种困难、挫折、错误、失败的体验时，能够始终保持一种积极良好的心态，从而使自己的生命有明亮的底色，为一生乐观向上奠定基础。快乐教育不仅要使受教育者快乐，也要求教育者自身精神境界的升华。他告诉张忠萍校长和老师们："教育永远是不被满意的现实，永远是百家争鸣的讲坛，永远是一段跑

不完的路，永远是一本写不完的书。祝愿一师附小和所有快乐教育的实验者以无畏的担当和乐观的心态，继续推进教育创新，为每个学生的人生、为我们民族的未来带来更多的快乐。＂陶西平先生对一师附小快乐教育的期许，也是对中国教育未来发展的美好祝愿。

四、"灵魂拷问"的教育启示

陶西平先生多次谦虚地表示，他自己不是教育家，也不是学者，而是一个不断学习的普通教育工作者。但他的教育的"灵魂拷问"和生命作答，折射出其作为教育家的伟大品格。

1. 人生观与教育家精神

陶西平先生具有高瞻远瞩、不断求索、深刻通达而积极向上的教育家精神。他为人谦和真诚，大爱无疆，对教育事业无怨无悔，敢于面对各种困难、问题，不退缩，不抱怨，勤于学习思考，向实践要答案，向研究要智慧，善于从学校教师那里汲取力量，他总是针对棘手的教育问题，给出朴素却经得起时间考验的答案。他以自己昂扬向上、丰富精彩的教育家人生观回答了自己所提出的"灵魂拷问"。

2. 世界观与战略思维能力

陶西平先生教育阅历丰富，担任过教师、班主任、校长、北京市教育局局长、市长助理、市人大常委会副主任、教育部总督学顾问等多个职务，还长期担任国家和世界层面的教育专业机构的领导。这为他的战略思维、教育智慧提供了丰富的实践沃土和广阔的视野。陶西平先生着眼于社会大局和教育过程的整体优化，把握时代脉搏，善于抓住主要矛盾和矛盾的本质，分析教育问题一针见血，并能给出透彻的解答。他深刻掌握了历史唯物主义和自然辩证法的精髓，以马克思主义哲学审视复杂、生动、不断变化的教育实践，真正做到了与时俱进，知行合一，生生不息。

3. 价值观与教育初心

陶西平先生一直在思考教育的主流价值和核心价值问题，牢记自己的教育初心。他从中华优秀传统文化视角和历史维度思考儿童的人格培养问题，使育人有了文化之根。他探索社会主义核心价值观教育如何落地入心的问题，强调主流价值观不同于核心价值观，讲好教育大道理要从做好教学小细节入手，反对假大空。他认为，教育公平、质量和活力彼此不可分离，因材施教是最大的教育公平，这就是他的教育价值观和教育初心。

4. 人才观与普通学习者

陶西平先生既关注拔尖创新人才的培养，又关注流动儿童、留守儿童、学习困难学生的教育问题，关注和推动有质量的教育普及与公平。以普通学习者为中心，让教育失败率为零，人人都是可用之才，让所有儿童的生命都充满阳光，这就是他的大爱人才观。他非常赞赏钱学森提出的大成智慧学，集大成才能得智慧，期待学校多出大家、大师和顶天立地的通才。他认为，越是追求人才的拔尖创新，越要强调品德好、素质基础牢。

5. 德育观与立德树人

陶西平先生经常从立德树人的视角和系统论的高度审视德育，分析德育实效偏低的根源，而不局限于教育的某些形式和假象。他强调，德育是目标，而不是一项具体工作。立德树人要眼里有人，有学生、有老师，德育有形无形，至虚至实，关键是把握住育人育心、教人交心的根本，跳出育人的"烦琐哲学"，回归真实的学校和家庭生活，实现教育过程的整体优化。要尊重师生的尊严和价值，师生友好平等，从问题情境中育人。这体现了陶西平先生现实主义的整体德育观。

陶西平先生对教育的"灵魂拷问"和生命作答，给后人留下了诸多深刻的启迪。我们要不断学习、研究和积极借鉴陶西平先生的教育思想，不辜负陶西平先生对教育，特别是对一体化德育研究与实践的悉心关怀和殷殷期待。

（原载于《教育史研究》2020年第4期，收入本书时文字有部分调整）

谨庠序之教，曾有国士

——纪念陶西平先生

王本中① 夏 隽②

2020 年 5 月 19 日，著名教育家陶西平先生在北京逝世。时近 5 月，先生离开我们竟已近一年。回溯往事，感怀于先生一生追求教育理想、探索教育真谛的赤子之心，仍旧为中国教育事业失去巨擘感到痛惜。

高山仰止，景行行止。先生一生，为中国基础教育、民办教育、国际教育交流事业矢志奋斗，做出了许多开拓性贡献。先生一生为中国教育事业谋篇布局，以广阔的教育视野、深刻的教育思想以及开拓性的教育实践，推动了中国教育改革发展进程。先生当年所倡导的整体优化、校长负责制、教职工代表大会制、教职工聘任制，为后来众多学校的改革实践提供了范例，其思想至今不过时。

先生是湖南益阳人，1955 年开始从事教育工作，他曾担任北京市第十二中学教导主任、校长，北京市教育局局长、党组书记，全国人大教科文卫委员会委员，中国教育学会副会长，中国职业技术教育学会副会长，中国民办教育协会会长，国家总督学顾问，联合国教科文组织协会世界联合会副主席、荣誉主席，国家教育咨询委员会委员，北京市社会科学界联合会名誉主席等重要职务，先生一生履历围绕教育事业。民办教育的发展一直萦绕先生心头，如今民办教育发展方兴未艾，先生建有殊功，我们不应该忘记，是先生推动国家在政策和立法层面铸牢了民

---

① 国家教育咨询委员会委员、国家教育考试指导委员会委员、北京圣陶教育发展与创新研究院院长。

② 中国教育学会科创教育联盟副秘书长。

办教育发展的坚实根基。2003 年，中国民办教育首部法律《中华人民共和国民办教育促进法》颁布，为了这部法律，先生倾注了诸多心血。2008 年，先生发起成立中国民办教育协会，广泛凝聚业界共识，兼容并蓄行业力量，推动民办教育一路发展壮大。如今，民办教育被定位为教育发展的重要增长点和教育改革的重要力量，20 年来始终在快速发展，先生居功至伟。

先生虚怀若谷，长于求新。他始终关注世界教育发展前沿，为中国教育改革提供深刻思考。在此仅举一例，先生通过"借鉴多元智能理论，开发学生潜能的实践研究"课题的开展，推动解决我国推行教育改革的争议，特别是对人素质的不同认识。先生在教育理念的建设上，对改变传统的人才观、教育观、学生观、教学观，尊重学生的个性发展，深化素质教育实践发挥了引领和推动作用，展现了他本人深刻的教育思想和才华，为我们留下了弥足珍贵的教育遗产。

先生是在深爱的教育事业上抒诚报国，记得先生对 STEAM 教育的深入研究即为此。新一轮科技革命和产业变革与我国加快转变经济发展方式形成历史性交汇，先生认为必须紧紧抓住这一重大历史机遇，加强统筹规划和前瞻部署，力争通过三个十年的努力，把我国建设成为引领世界科技和经济发展的强国，因此要在基础教育学校中加入更多的科技创新课程，提高年青一代的科技素养，因而积极探讨和推动 STEAM 教育在中国本土的推广和实践。

先生对各类教育事业的发展都不遗余力地给予支持和帮助。在先生的支持下，北京圣陶教育发展与创新研究院于 2008 年在北京注册成立，成为国内为数不多的基础教育领域民办非企业单位。先生为研究院确立了项目制的工作机制，并担任首任院长，为研究院的发展把舵领航。研究院成立十周年座谈会上，先生更是提出做"民间教育智库"的全新定位。在先生的指导下，研究院一直发挥民间教育研究机构的独特作用，服务于中国的基础教育改革与发展。

自成立以来，北京圣陶教育发展与创新研究院以服务学生、教师、学校发展为目标，走以推动基础教育创新实践为宗旨的发展道路，在先生的带领下逐步形成以信息化和国际化为主要方向，面向学生、教师、学校、企业、政府决策、跨界融合的六大服务职能，确实有效地服务于基础教育的创新发展和实践变革。经过十年的摸索，研究院形成了以项目制为主的管理体制，得到广泛的社会支持，凝聚了一大批教育及其他领域的学者、专家，初步形成了圣陶独特的办院风格和发展模式，具有一定的社会影响力。未来，研究院将聚焦于"开放高中""未来学校""科学与艺术教育""教育信息化"等领域的深入研究和实践探索。

在研究院成立十周年的纪念大会上，先生对把研究院建设成为有影响力的民间教育智库提出了殷切希望，对于智库未来的发展定位，先生更前瞻性地提出了四点建设原则：一是要努力实现专业性和群众性的结合。要最大限度地联系教育界有志之士、有识之士、有为之士共同参与研究和活动。二是要努力实现理论性和实践性的结合。要以问题引领，通过专项调研和专题研究及经验总结，提出解决的方案和建议。三是要努力实现本土化与国际化的结合。智库概念虽然来自西方，但不是西方化，中国智库本质是"本土化"。教育不能照抄照搬，不能全部引进，必须通过"学习、消化、吸收"和"以我为主、博采众长、综合提炼、自成一家"的教育本土化过程，国外的教育智慧才能成为中国教育财富。因此，智库固然有借鉴和引入西方理论和经验的任务，但最重要的是研究中国教育决策，以及对教育实际中存在问题的思考。四是要实现机动性和常规性的结合。一方面抓住现实机遇和需求确立研究课题和活动项目，另一方面逐步建立一些常规项目以增强影响力和稳定性。比如撰写并发布年度专题研究报告，举办圣陶教育论坛和国内外专家讲座，以及开展推动教育国际化的交流活动。

我们记得，先生逝世后，北京教育学会官方微博曾这样评价他："陶西平先生是一名优秀的教育工作者，在教育和研究领域辛勤耕耘65年，他严谨求实、锐意进取、乐于奉献、甘当人梯、扶持后学，为我国教育事业的发展做出了杰出贡献。他严于律己、宽以待人、淡泊名利、博学儒雅、厚德载物，体现了一名模范教育人的优秀品格，展现了一位优秀中国知识分子的精神风貌。"《教育家》杂志曾评价他："从普通教师到中学校长，再到北京市教育局局长、北京市市长助理、北京市人大常委会副主任、全国人大教科文卫委员会委员，一路走来，他始终保持着高瞻远瞩的姿态，着眼于教育发展的未来。"这两段评价极为中肯，足以告慰先生光辉的一生。

如今国士已去，后辈仍当奋为。我们曾多次聆听先生教诲，也在先生的影响下始终坚守事业初心，立志为中国教育的公平正义聊尽绵薄。我们希望，能够有越来越多关心中国教育发展的有志同仁，共同继承先生遗志，继续传递中国教育改革事业的薪火。

2021 年 3 月 10 日于北京

追忆著名教育家陶西平先生

王志宏①

陶老离开已有一年，但他对晚生后辈耳提面命、谆谆教诲的和蔼音容，宛在眼前。

他曾多次来我校指导工作。他对教育的挚爱、对学校的厚爱、对师生的笃爱，长久地温暖、激励着我们，让我们在深化教育教学改革的道路上奋力前行。

2017 年 9 月，陶老来陕参加"培养学生核心素养研讨会"时，特意提出了想要看一看学校 STEAM 教育的发展情况。深入了解后，他很高兴，当着大家的面说："西安高新国际学校在 STEAM 教育实践等方面做出的成绩，为深化教育改革、落实立德树人、培养学生的核心素养，探索出了一条特色之路。"

当天，陶老还特意嘱咐我，他说，科技创新的星辰大海，未来的无限可能性，令人心潮澎湃，而 STEAM 教育将为科技创新人才的培养提供更多可能，我们需要更多教育领域的先行者带领大家开疆拓土，希望你们继续探索，奋勇前行。

陶老的叮嘱让我备受鼓舞，也看到了未来可期。2018 年 7 月，全国首套小学 STEAM 教材《科创教育实验教材（小学版）》由北京师范大学出版社正式出版。该套教材凝聚着西安高新国际学校数学、科学、信息、工程等不同专业方向 18 名教师组成的 STEAM 教材研发团队的智慧与心血。对此，陶老给予高度评价并为该套教材作序，他说："这是我国第一次在这一领域的尝试，这对未来科技创新教育是否需要固定教

---

① 西安高新国际学校"名校+"教育联合体校长。

材，需要什么样的教材提供了更多的视角和思考。"

2019 年 12 月，聚焦 STEAM 教育的电影《时光停在花开时》举行首映礼，陶老通过视频再一次送来了他的祝福。他说："这部影片是在西安高新国际学校进行实景拍摄的，演员也主要来源于学校的师生和家长，影片反映了学校为培养新时代的建设者，在我国教育成功经验的基础之上，借鉴 STEAM 教育理念进行的改革，它反映了我国基础教育现代化的有力步伐，为教育改革注入了新的活力。"

陶老一生中的研究涉及教育领域的方方面面，除了关注学校 STEAM 教育，他对孩子们德智体美劳的全面发展也尤为关注。"新时代教育方向与育人目标""未来学校的 7 个共同特点""改革始终发生在课堂上"……，每一次来校分享教育智慧与经验时，陶老始终都在谈育人。育人、立人、利人始终是他的追求，而这些关于教育的最新思考，也是赠予我们教育后学的宝贵财富。

在陶老逝世一周年之际，谨以此篇文章，追思陶老从未离去的风骨与灵魂。

附诗一首

师者之魂光照人寰——深切缅怀陶西平先生

您是点亮心路的

航灯

用挚爱

书写教育改革的

前行征程

您是唤醒生命的

春风

用温暖

孕育课程创新的

时代律动

您从实干中走来
在探索中
弘扬师者的
不变初衷
您从平凡中走来
在奋斗中
镌刻不朽的
伟绩丰功

根植教育
您鞠躬尽瘁爱满天下
改革攻坚
您身体力行引领攀登
心怀家国
您放眼世界传承文明

您的嘱托
如春风化雨
润物无声
必将激励
一代一代教育人
奋发有为
砥砺前行

您的慈祥
似甘甜雨露

润泽心灵

必将鼓舞

一代一代教育人

前赴后继

破浪乘风

有一种怀念

叫一路走好

有一种感恩

叫永驻心中

陶老

我们想念您

作于陶西平先生逝世一周年之际

心香一瓣忆陶老

王　蕾①

此刻，我反复翻看着与陶老的微信往来，泪如泉涌，不知如何落笔。

我想对陶老说：在我和师生们的心中，您是陶老、陶主席、先生、恩师，也是爷爷、父亲……

2010 年，我成为一名校长，而您是北京市第一六六中学的办学总顾问，从那时起，您与我、与我校有了更亲密的关系。

从那时起，您出现在这所学校每个重要的时刻；在我拔节生长的每个关键节点，您也总会以不同的角色和独特的方式，为我指引方向、豁朗胸怀。因此，于我而言，那些日子虽然青涩、踉跄，但始终胸怀笃定、温暖。

那些画面清晰如初：2010 年开学典礼、金帆管乐团 20 周年团庆、金帆话剧团《这里的黎明静悄悄》第一次登上北京人民艺术剧院舞台、男生合唱团创建的首场演出、学校 150 年华诞、高中生命科学实验班创建、博雅课程嘉年华……

您的期许我们始终铭记：优秀校长要有定力，优秀教师要有毅力，优秀学生要有活力。

您的寄语我们永铭心间：心中有担当，脸上有微笑。

还有太多太多，撕心裂肺的痛，令我没有勇气再想下去……

2019 年 11 月 11 日，这是您留给我的最后一条"记录"：我现在双眼皮下垂，要暂时远离手机一段时间，你多保重！

---

①　北京市第五中学校长。

之后，整整 190 天，无限地牵念，默默地祈福！我知道，我和孩子们为您精心录制的音频、视频已辗转送抵您的病榻前。我听说，您哭了，也笑了。

有一种爱，会一生守候，会代代传递。

我想告诉您：我们用心为您创编的心曲《心中有担当，脸上有微笑》将在每年的五月，由全校师生为您吟唱……。2020 年 9 月 1 日的开学典礼上，"心中有担当，脸上有微笑"的原创浮雕正式揭幕……

虽阴阳两隔，但心念永驻！

一代宗师　音容宛在

——悼念陶西平先生

刘可钦①

2019 年年底冬日来临时，听说陶老病了，我盼望着新年来临时，他能康复，因为他老人家一直是那么健硕开朗。我相信，病痛不会在他那里停留太久。

2020 年春节到来时，我们遇到了突如其来的疫情，肆虐的病毒让人们安静下来，突然有一天群里活跃了起来，原来是陶老的生日到了，我们每个人都送去了暖暖的祝福，期盼他老人家早日康复、健康长寿，大家与陶老相约春暖花开时。

2020 年初夏悄悄地走来，防控疫情也取得了阶段性的成果，但我们却没能等到与陶老共贺的日子。

2020 年 5 月 19 日，噩耗传来，大家无不震惊、悲痛。我静静地回忆了一些与陶老在一起的片段，真诚感念先生的恩德，先生的音容笑貌，犹在眼前。

曾有机会随陶老出访，看到他始终忙于公务拜访和演讲。80 多岁的老先生，精神矍铄，谈吐不凡。当然也有一些旅途中的闲暇时光，我们喜欢跟陶老开玩笑，大家称他为"陶爷爷"，我却叫他"陶姥爷"，陶老听后哈哈大笑："好，爷爷和姥爷，不同的称呼，关系不一样啊！"后来有一次，我随着大家称他"陶爷爷"时，他笑着说："你该叫我'姥爷'啊！"就是这样的亲和力，让我们愿意走近他，无拘无束。

记得 2016 年秋天，我校召开一个研讨会，邀请先生出席并讲话，

---

① 北京市海淀区中关村第三小学校长。

结果他突然要做一个眼部的手术，无法出席，但却写来一篇长长的致辞，对我校的教育改革——进行点评，又指明方向。他说："三小面向未来，提出自己的教育主张并付诸行动，像一切改革一样，有过出生的阵痛，有过成长的烦恼，但中国正是需要许多这样的教育领域的先行者，为圆一个中国梦而奋勇前行。"在场的每个老师听到这席话都感慨万分，因为他老人家"懂我们"。这种"懂"，鼓励着我们愿意向他诉说更多学校的故事。

在我看来，多元智能理论、办学体制改革、未来教育、OECD 的教育改革等课题，之所以能够进入中国的基层学校，甚至是广大教师的话语体系和行动之中，与先生的带动以及生动的讲解是分不开的。一个个深奥的、抽象的概念，经他老人家一讲，变得通俗易懂，是真正的"高水平"（他常开玩笑说"这个发言稿"是在飞机上写的）。我有幸在不同的场合下多次聆听过先生的高水平演讲，真可谓"听君一席话，胜读十年书"，那是一种实实在在的享受！当然，吸引我们的不只是演讲，更有他"高大上"且又接地气、通俗且又有追求的文章。听着他的精彩演讲，读着他一篇篇新作，我们都成了陶老的"铁粉"。

如今，先生故去，"陶粉"们唯愿先生一路走好！

他把自己完全沉浸在了教育生活之中

刘长铭①

陶西平先生是德高望重的教育前辈，是我最敬仰的教育家之一。

陶老有很多称谓。他的学生叫他"陶老师"，过去学校的同事叫他"陶校长"，北京的老校长们喜欢叫他"陶主任"，年轻的教育工作者叫他"陶老"。这些称谓反映了陶老完整的教育生涯和丰富的教育经历。我平时习惯叫他"陶主任"，这是延续了我的前任校长邱济隆先生的习惯。

陶老是北京市第四中学（简称"四中"）的校友。他1948年考入四中初中，入学后和李敖同桌。李敖后来去了台湾，成了著名作家。陶老说，那时正值北京城（当时叫北平）被解放军包围，学校缺桌椅，就让学生从家里带桌椅来上课。李敖从家里搬来一张八仙桌，陶老当时就和他坐在一起。2006年李敖回四中，我听他们二人聊起这件事，李敖转头问我："我那张八仙桌还有吗？"

陶老把自己的一生都献给了教育事业，他用他的经验和学识影响着每一位教育工作者。作为晚辈，我总能得到陶老热情的教诲和精心的指点。2007年，在庆祝四中建校100周年的论坛上，我代表学校做了"大气成就大器——北京四中教育思想与实践"的主旨报告。陶老充分肯定了"大气成就大器"的说法。他在点评中讲道："好的教育确实应该是'大气'的教育。这种'大气'指广阔的视野、长远的目标、深厚的底蕴、高雅的品位，是一种为造就高素质人才的'大器'奠定基

---

① 中国教育学会高中教育专业委员会理事长、北京四中原校长、北京金融街润泽学校总校长。

础的教育价值观。"他还谈道:"'大气'的教育价值观体现了教育的多重维度。在时间上,不只顾眼前,更考虑长远;不单纯计较一时一事的得失,更考虑持续发展的需要。在空间上,不只局限于小范围内的成就,更着眼于国家的前途、人类的命运。在发展上,不炫耀点滴的亮点,而关注厚重的积累。"这些话既是对四中教育的肯定和鞭策,也是对理想教育的诠释和擘画。

2012年9月底,四中举办建校105周年校友论坛,邀请了几位校友回母校做报告。那天陶老讲了自己的一些经历,讲到了在"文革"中的遭遇以及后来纠正平反的事情,他讲得很动情,让我们感受到陶老虚怀若谷的博大心胸。还有一次,我们请陶老回校讲四中的教育教学传统,那次报告给我留下了极深的印象。他把四中老师的教育责任感概括为三句话:为时代而教,为发展而教,为"不教"而教;把四中老师的教育追求概括为四个字,就是教学生"向善""向上"。这可以说是对四中教育传统的高度凝练和概括。

我做四中校长期间,曾多次请陶老来校做报告。每次听陶老的报告,老师们都感到收获满满,评价极高。我知道陶老平日里事情安排得很满,不好意思打扰他,怕给他再添负担,所以每次请他做报告,我总有些不好意思开口。但对于四中的事情,陶老总是有求必应。记得有一次学校开研讨会,有位讲课专家临时来不了,同事们就"撺掇"我请陶老来讲,因为确实大家都非常爱听陶老讲课。我惴惴不安地给陶老打电话,没想到陶老竟然爽快地答应了。第二天见到陶老时,我连忙给陶老道歉。陶老开玩笑地说,别人都要事先预约,就是你特殊!

陶老是终身学习的典范。我听过陶老数十场报告,每场报告都有新的内容、新的观点、新的角度,让人感到常听常新,总感到有新意、有启发、有收获。陶老从不拿一个讲稿重复讲,每一次他都极为认真地做准备。陶老的报告概括起来有两个特点,一是信息量大,二是接地气。我想他平时一定是很认真地收集资料,很认真地归纳考证,并很认真地深入学校去做调研的,所以他十分了解真实的学校、真实的教学、真实的学生。

陶老喜欢唱歌，会唱一些社会上非常流行的歌曲。有一次和陶老外出开会，我搭陶老的便车。陶老的车里播放着流行音乐，车上还有一些流行音乐的光盘。陶老对我说，做教育就要了解学生，了解青少年，看看他们喜欢什么音乐，喜欢什么歌曲，这是了解他们思想情感和价值观的一个渠道。陶老之所以能成为大家敬仰和喜爱的教育家，是因为他把自己完全沉浸在了教育生活之中。

我们会念念不忘陶老的教导。我相信，陶老的思想必定会对中国的基础教育产生持久而深刻的影响。

（原载于《中小学管理》2020 年第 6 期，收入本书时文字有部分调整）

回忆陶西平先生在北京师范大学附属中学的一次讲话

刘　沪①

　　敬爱的陶西平先生虽然离开我们了，但他的音容笑貌仍然时时浮现在我的眼前。

　　我是 1998 年到北京师范大学附属中学（简称"北京师大附中"）当校长的。应当说，我加入校长行列是比较晚的，但这一点儿也不妨碍陶老对我的关心和支持。每次见到陶老，他总会亲切地叫着我的名字，询问近况。陶老曾在北京十二中工作多年，他对同属南城的北京师大附中别有一份情感。早在 1996 年，北京师大附中建校 95 周年时，他就为我校题词，这个镶了镜框的题词一直挂在我校教学楼一层的大厅里。

　　21 世纪初那几年，北京经常举行校长教育思想研讨会。区教委希望我校也能举办。那时我刚到学校没几年，真的谈不上什么教育思想，绝没有召开教育思想研讨会的可能。但是我想，北京师大附中名师荟萃，倒是可以举办名师研讨会。于是，学校决定为王树声、朱正威两位老先生分别举办教育教学研讨会。

　　2005 年 12 月 6 日，王树声先生从教 55 周年教育教学研讨会在北京师大附中隆重举行。会前，我们首先想要邀请的专家就是陶老。陶老爽快地答应出席。那天他如期而至，亲自为王树声先生颁发荣誉证书，还发表了重要讲话。陶老在这次研讨会上的讲话给与会者留下了极其深刻的印象。

　　陶老一开头就说："我和王树声老师是老朋友，也是老战友，王老师不仅对北京师大附中的地理教学工作做出了突出的贡献，而且对北京

① 北京师范大学附属中学原校长。

市乃至全国的教育教学改革都做出了突出的贡献，王老师是一代名师。我觉得，王老师成长的道路至少回答了两个问题：一是什么样的老师才能够成为名师？二是怎么样才能成长为名师？"

陶老结合对王树声先生的了解，谈了他对名师的理解。他说："从王树声老师这位名师的身上，我们至少可以看出，名师的第一个特点应当是有自己的追求。世界上没有理想的教育，但所有的教育工作者都是在努力实现着自己的教育理想。王树声老师就是这样一位教师，他从来不停留在自己的'高原'期，而是永远都在向高峰攀登。

"名师的第二个特点就是不断地学习。过去作为一名老师，他本科毕业后进入中学教书就有了一桶水，他用这一桶水来给学生一碗水，应该说就够用了。但是我们现在进入了一个信息时代，知识增长的速度大大加快，有人估计到 2020 年，可能世界的知识总量每 73 天就要翻一番。那么在这样的背景之下，老师靠着自己的一桶水去给学生一碗水，已经远远难以完成教学的任务了，因此，老师需要不断地学习。而王树声老师正是这样永远积极地进取，永远站在地理学科的前沿。

"名师的第三个特点就是具有很高的素养。有人讲教育是科学，有人讲教育是艺术，也有人讲教育实际上是一种修炼。我想，名师就是把教育、科学与艺术融于教育教学的实践当中，逐渐积淀起自己的学术生涯和教学生涯。当然教师的素养，更表现在教师的道德修养上。王树声老师正是高度地忠于自己的教育事业，充满了对学生的热爱，他是用这样一种感情来从事教育教学工作的。

"名师的第四个特点应该是具备高超的智慧。当我们过去强调教师是带着学生走向知识的时候，那么，教师的知识无疑是最重要的。但是我们现在进入这样的时代，即教师跟学生一道走向智慧的时候，那么，教师的智慧就与知识同样重要，甚至比知识更重要了。我们在教育教学改革中面临着许许多多的问题和矛盾，需要我们在教育教学过程中解决这些问题和矛盾。而学生又都有自己的个性，过去一个老师主要是面向一个班教学，现在要转变成根据学生的需要，面向一个个学生教学，在这种情况下，教师的智慧就至关重要了。多年来，王树声老师正是以自己的大智慧创造了一种智慧的教育。

"名师的第五个特点可能就是有良好的操守、严格的自律。面临纷繁复杂的社会现象，一些老师在这样一些现象面前能够保持清醒的头脑，始终坚持教师良好的职业道德，王树声老师正是这样的老师。王树声老师当年是一身白粉两袖清风，如今是一台电脑仍然两袖清风，我想名师就应该具有这样良好的操守。王树声老师的成长道路告诉我们，只有这样才能称得上是一位名师。"

从上面的讲话我们不难看出，陶老对王树声先生真是了如指掌。

接着，陶老又谈了他对名师成长之路的见解，他说："王树声老师的成长道路也为我们回答了一个问题，就是怎么样才能成长为名师。我们现在许多学校和地区都在推进名师工程，这表明我们十分重视教师队伍建设。但是王树声老师不是哪一个工程培养出来的，他的成长经历告诉我们，名师是在为学生的服务中成长起来的，脱离了为学生服务就不可能真正成为一位名师。我们现在出现一种倾向，为了造就名师，加大了对这个老师的宣传力度。我认为，宣传可以使老师有名，但不能使老师成为名师。名师之所以有名，是因为他在和学生长期互动的过程中，获得了认同，得到了高度的信任，赢得了学生、家长乃至社会的极高尊重。王树声老师正是这样的老师。我想，那种脱离为学生服务而培养名师的做法是绝对不可取的。"

最后陶老说："王树声老师的成长也告诉我们，名师是在一定的环境中成长起来的。北京师大附中是一所名校，它有着良好的培养优秀教师的环境，是教师成长的一片沃土。当前我们要把学校建设成学习型组织，使每位老师都通过学习来求得自身的发展，同时又能够在这个学习型组织中相互交流、相互沟通自己获取的知识和能力，这样才能够孕育新的名师。"

15年过去了，一切仍历历在目。陶老的那次亲临，绝不仅是作为领导前来祝贺，颁奖状，他是做了充分准备的。陶老的讲话不仅大大提升了我校那次研讨活动的价值，而且对整个教育界都有着重要的指导意义。我想，陶老之所以为我们大家所敬重，不仅是因为他学识渊博，更是因为他的真诚为人和认真严谨的工作精神。

虽然我已退休多年，但我仍然愿意代表北京师大附中衷心感谢陶西平先生。我们永远怀念他！

我们的好校长——陶西平

孙金英①

我是北京市第十二中学（简称"十二中"）的一名退休教师。20世纪七八十年代，作为当时的青年教师，我曾亲自领受陶西平老校长的悉心指导与帮助，亲身感受到他作为一名出色的教育管理者的非凡魅力。在十二中人眼里，陶校长是普通而不平凡的。普通，是因为他平易近人，毫无官架子；不平凡，是因为他在十二中创造了辉煌的成就，使原本普普通通的学校跻身北京市名校的行列，成为改革的排头兵，且声名远播。

1978年9月，陶先生调到十二中，担任教导主任，负责全校的教学管理工作，还带了高一年级两个班的语文课。很不巧，刚开学没多久，同年级的一位语文教师就病了。那时，师资严重不足，先生就担起四个班的课，直累得牙龈发炎，脸肿得像"发面包"。他顾不上看病，吃了止痛片，仍然面带笑容、精神百倍地站在讲台上。他一上午连上四节课，连口水都不喝。学生们劝他回去休息，他说："只要你们不气我，我就倒不下！"孩子们被感动得直流泪。教师们也深受感染，个个学着他的样子用心干！

先生曾告诉我，他在小屯中学做语文教师时，学校每次放映电影，他都会去做义务解说员，"同期声"讲解片子的主题内涵、摄影技巧，讲述"蒙太奇"等艺术表现方法的优劣等。一个片子放下来，他常讲得口干舌燥，累得再不想说一句话。先生就是这样，走到哪里，就服务到哪里，不管分内分外。他是真正的"人民勤务员"！

---

① 北京市第十二中学退休教师。

后来，先生肩负起十二中校长的重担，提出"同心同德，兢兢业业，求实创新"的校训，并带领团队，一步一个脚印，努力使学校从优秀走向卓越。为了促进学生养成读书的好习惯，他创办了每年的"三月读书节"，并形成制度。每学期开学初，学生制订读书计划；每天进校后的第一件事就是读书；每读完一本书，学生都可凭笔记去领一张"读书卡"；凭着"读书卡"，即可在每年举办的"五月鲜花艺术节"活动中领取"读书奖"。学生在乎的是读书后得到了认可，陶校长在乎的是学生从读书中获益。

为了怕学生因排队等候时间太长而吃到冷饭，不仅学校实行了初高中错峰吃饭的办法，而且陶校长带领校领导一班人马，每天中午穿着围裙、戴上口罩，到窗口亲自为学生打饭。他干活特别麻利，而且总是等最后一位学生吃上饭，他自己才安心就餐。那是十二中特有的一道"亮丽的风景线"！学生们都夸赞他：瞧咱校长这扮相，还真像个"大师傅"！

每年的春季和秋季运动会，是师生最喜爱的活动。当天，大家像过节一样，早早来到大操场。学生比赛时，教职工当裁判；而教职工接力赛时，学生们更是个个亢奋，伸长了脖子，找自己的老师在哪里。开赛了，学生们欢呼雀跃，加油声震天动地；教师们摩拳擦掌，心往一处想，劲往一处使。

记得在陶校长即将调走的那一年的春季运动会上，他作为校长办公室接力代表队的队员又上场了。所有在场的师生员工感觉汗毛都竖起来了，大家目不转睛地盯着校长，舞动着攥得紧紧的拳头，齐声大喊："校长，加油！加油！加油！"就在这时，突然有人说："不好，有人摔倒了，好像是校长！"真的是校长！他在弯道超越时突然倒地……。事后陶校长说：当时，我脑子一片空白。校医告诉我们，校长是因为长期操劳过度，身体透支，导致脑供血不足而摔倒的。那年，他49岁。

那时候，陶校长每天都住校，周六晚上才坐公交车回家过周末。记得有一次他的女儿陶陶说，周六傍晚，他们在公交车上好不容易轮上个座位，爸爸坐了下来。到站了，陶陶挤下车，等她回到家好久，天都黑了，爸爸才回来。他笑着说：我是走回来的！原来，他实在太累了，在公交车上睡着了，被拉到总站，是司售人员把他喊醒的。我们大家都明白，十二中的辉煌，就是在陶校长如此的拼搏与奋斗下铸就的！

根据陶校长的提议，学校规定，班主任找学生谈话，或是学生到办公室请教问题，教师必须请学生坐下来交谈。"请坐"——这个细节，改变了已往的"训诫模式"，大大消除了学生进办公室时的恐惧感和学生只要进办公室就是"差生"的陈旧观念。这体现了陶校长所提倡的师生平等、互爱互尊的理念，更是先生人格的映照。

那时的十二中校园里，师生之间、生生之间、师师之间、干群之间关系融洽，大家心情都很舒适、愉快。

有一位年长的单身女教师，住在学校的单身宿舍里。有一次，她夜里突然拉肚子，跑了数次厕所。第二天一大早，她气呼呼地哭着找到陶校长，大发雷霆，说校长不关心群众，不知道她大半夜黑乎乎地跑厕所有多害怕。陶校长听了，连连作揖道歉，说自己不关心群众很不对，并保证以后一定改正错误。那位教师听后破涕为笑。

后来，陶校长把这件事变成了鞭策自己关心群众疾苦的工作动力。他理解大家埋头工作的辛苦，于是，推动工会形成决议：为大家创造福利，建立"服务队"，每天早上到各办公室统计每位教师需要购买的家庭日用品，以及当天需要的蔬菜、柴米油盐等；学校有关人员帮助购买后，将物品递到教师们手里。学校还建立了为每一位教职工在其生日当天送上庆生蛋糕的制度。但是，所有这些福利，校长自己都不享受，他说，这也是制度，绝不能破坏。他把每一位教职工的冷暖都装在心里，用体贴入微的关怀，温暖着每一颗并肩作战的"战友"的心。

陶校长以自己的精神感染和鼓舞着身边的人，更以崇高的人格魅力吸引着知晓他大名的无数"粉丝"。当年，在十二中的教职工中，慕他之名而来的名师、名人不在少数。在学校里，每个人都自觉地竭尽全力工作，谁也不肯落下脚步。有的教师说："在这里，无论你来得多么早，总有比你还早的，因为他住校；无论你走得多么晚，也总有比你还晚的，因为他不走。""奋斗"二字，融入了十二中人的血液里。全体同仁跟着陶校长的步伐"同心同德，兢兢业业"，学校的发展如日中天。

那时，每年的 12 月 31 日晚上都是师生们最高兴的时候。那一晚，校园里灯火通明，欢歌笑语，热闹非凡。欢聚的时刻一般从晚上六七点一直持续到午夜。那时那刻，全体师生员工一起辞旧迎新，兴奋不已。那晚，每个教室里都张灯结彩。孩子们精心打扮起来，穿上漂亮的新衣服，一个个闪亮登场。我们把课桌椅摆在教室四周，中间空出来当作"舞台"，人人都参与活动，教职工也不例外。

学生们一边吃着好吃的（有的是学生们自带的，有的是由班委会用大家凑的钱买的），一边欣赏同学们自己编排的节目，人人脸上都挂着笑容，洋溢着幸福。这个夜晚，所有班主任都和本班学生一起度过。学生们还早早地去办公室、食堂、宿舍，给自己班级的每位任课老师、食堂的大师傅、宿舍管理老师送上他们精心设计与制作的"请柬"，邀请老师参加自己班级的新年联欢活动。

为了"抢老师"，各班学生可谓使出浑身解数，有时甚至为了某位老师到班的先后顺序而争得脸红脖子粗。有些任教班级多的老师如果被拉到某班去了，那么，那个班的教室门外等候的"大军"就会排成串，大家都以能把"客人"先请到自己班里为荣！……那热烈、温馨的一幕幕令人回味，让我至今记忆犹新。

一场"抢师大赛"温暖了所有教职工的心，它昭示着在十二中，每一位工作者都会得到平等的尊重与厚爱。这个"抢师"活动，是陶校长做班主任时带头发起的，后来成为十二中人的自觉习惯与保留活动。

更有滋味的是，陶校长带着领导班子成员，到每个教室给师生拜年。聆听了校长的新年贺词后，学生们欢呼、呐喊，请校长展示才艺。盛情难却，陶校长便会应邀表演。陶校长有一个"保留节目"——朗诵或者吟唱岳飞的《满江红》。吟诵过后，学生报以经久不息的掌声。"三十功名尘与土，八千里路云和月。莫等闲，白了少年头，空悲切。"学生们听懂了校长借助诗句表达的期许与勉励；教师们更感悟到，此时此刻，吟诵者与诗人的情怀高度契合——尽管历尽磨难，依然满腔忠诚、赤心不移、豪气满满！这种以天下为己任的崇高胸怀，令人感佩不已。

对教师们来说，陶校长不仅是我们的领导者、管理者，更是我们的人生典范和成长导师。记得 20 岁出头时，由于工作强度高、压力大，我曾喊过苦、叫过累。当时陶校长问我："你知道我像你这样大时在干什么吗？"我说："不知道。"他说："我在'牛棚'里。一年冬天，我们被派去掏下水井。一行几人，穿着空心棉袄，腰间绕一圈绳子，头上戴一顶破棉帽。人从下水井口慢慢往下去，便能感觉到臭味直往上冲。每次，下去的人都要跟上面的人用眼神交流，大家心照不宣：以当年的条件，下去后的状况无法预估，上面井口、井盖的状况更无法预测。那时，我真正体悟到了什么叫'命悬一线'。每次下去之前彼此交流的眼神，都可能成为一种生死道别。"听着校长的叙说，我的泪水忍不住地涌出。

陶校长为人谦和，思维敏捷，语言幽默。但我们还是能从他时时紧蹙的眉头中体会到一丝忧愁。1980 年秋季的一天，我发现，他的眉宇间变得舒展开来。后来，我在他女儿的作文《爸爸的笑》里感受到他那时发自内心的喜悦。陶陶写道："爸爸很少笑，偶尔笑一下，很快就会恢复原来的面貌。有一天，很奇怪，爸爸回家后总是笑，还下厨房，给我做了好吃的。我问他为什么今天总是笑，他回答，高兴呗！我问，为什么高兴？最后，爸爸揭开谜底——今天，他入党了！"

是啊！压在陶校长身上 20 多年的"大山"终于被搬走了。1957年，刚刚 20 岁出头的他被划为"右派"。1979 年 3 月 11 日，上级党组织宣布，1957 年把他划为"右派"是错误的。当天中午，他就提笔再次写下了入党申请书。1980 年 9 月 2 日，他成为一名光荣的中国共产党党员，实现了自己的夙愿，那掩饰不住的愉悦和激动，是一个坚定的共产主义战士最本真的情感表达！

陶校长的入党仪式全体教职工几乎都参加了，所有人都深切感受到他对党的事业的无比忠诚与热爱。他在所宣读的入党志愿书上写道："北京宣布解放时，我在北京四中读书。那时，我就和同学们一起到天安门广场，宣读了加入中国共产主义共青团的誓言：愿为共产主义奋斗终生……"正是这样的信念，支撑着他在自己的一生中，始终不忘初心，砥砺前行。

我是1971年初中毕业留校教书的。1978年，十二中被确定为市级重点学校时，我向当时负责教学工作的陶主任递上了辞呈，提出调出教育口。他说："怎么，你要当逃兵了？"我说："我怕自己资历浅、学历低，难以胜任重点学校的教育教学重任。"他语重心长地对我说："没有学历可以拿，没有资历可以积累，没有信心可以树立，没有成绩可以创造！但如果没有了志气，那么，你到哪里都是废物！着急和气馁于事无补。以后我来带你，你坚持听我的课，有什么问题可以随时来问我。你看，我有这个资格吗？"

我当然高兴了！记得当时，我给先生调了蜂蜜水（在十二中时，陶校长一直用着一个白色的大搪瓷缸子），捧给他，又给他卷了三根"大炮"（先生原来抽烟很凶的），就算是正式拜他为师了。从那以后，我就放下思想顾虑，全身心地投入教育教学工作中了。

我学着师傅的样子奋斗不止，先是考取了当时北京师范学院（即现在的首都师范大学）中文系函授大专班，开始了长达五年半的函授苦读，最终获得了大专学历，还被评为"优秀学员"。后来，我续读了本科；再后来，我又读完了在职研究生课程班的全部课程。

那时，我工作量很大，教两个班的语文，做一个班的班主任。由于每天上午都要保证去听师傅的课（不落一节），所以，我就把自己的课全部调到下午。每天都过得紧张而充实。

白天没时间读书，我就利用晚上备课后的时间读，利用休息日读。

别人有娱乐，我没有。记得有一年暑假，学校组织教师去北戴河，先生说："这次你不能去，开学后，你不是要考试吗？"他帮我圈画了读书要点，就带着教师们高高兴兴地走了。我按照师傅的要求，乖乖地在家读了一个假期的书。

随着学校名气越来越大，慕名而来的参观者也越来越多。所以，从那个时候开始，我上公开课的机会也渐渐多起来。从本班教室，上到学校礼堂，再上到区里的电教室（直播）。每次公开课的准备过程都是十分艰苦的。我白天照常上课、带班；晚上先批改完作业，备好第二天的课；然后，师傅给我说公开课的内容，先解析教材、设计教案，之后，我像面对全体学生一样地试讲，他一个人听。这样说了讲，讲了说，说了改，改了再说、再讲、再改，反反复复，直至他满意为止。有时，我怎么也达不到他的要求，他只好说："就到这里吧，再继续也是重复错误、重复缺憾。"其实，那时我已经困得不行了，脑子都木了。于是，我们终于作罢。我这才能够回家。有时候，我的住宿学生们看我太辛苦，就背着宿舍管理老师，偷偷给我留着门，下铺的学生挤到上铺去睡，我就在她们那里和衣凑合一宿。第二天一早，学生们给我站岗放哨，在宿舍老师查房之前，我再偷偷溜出去。那时的工作与学习任务虽然无比繁重，而且生活艰苦、身体劳累，但精神是充实的、愉悦的。

后来，我又跟着师傅做了多项教学改革实验。比如说话的训练，每天课前五分钟演讲等，都曾被当时的《现代教育报》采访与推广；此外还有学生文言文自学能力的培养；等等。

在师傅无私的教诲、倾心的培养和教导下，我逐渐成长为学校教育教学的骨干，做了年级主任、初中语文教研组长；被评为丰台区名师、北京市学科带头人；荣获北京市"紫禁杯"优秀班主任一等奖，获得"人民教师"荣誉称号；还入选了北京市人才专家库；等等。可以说，我和同伴们的每一步成长，无不渗透着师傅的心血与关爱。

如今，先生远去，然而，那一幕幕难忘的情景会永远留存在我们心中。记得先生到任北京市教育局局长时，是从十二中的教室里而不是他的办公室里出发的。当时，学校正在开展每学期一次的教育教学基本功展示活动：德高望重的老教师每人上一节示范课，中年教师每人上一节展示课，青年教师每人上一节献优课。听评课活动搞得轰轰烈烈。教学人员、主管教育教学的各位领导都参与其中。陶校长带头，听所有学科的课，听了就评，点点到位，句句中肯。有一位年轻的数学教师因为陶校长没能听上她的课，急得直掉眼泪。大家都愿意请陶校长听自己的课，最愿意听他的点评。有的教师形象地说："听咱校长评一课，胜教十年书啊！"陶校长的专业水准和德高望重可见一斑！

陶校长的故事三天三夜也讲不完。他一生为中国教育的发展、为谋广大师生的福祉，鞠躬尽瘁，死而后已。他是我们心中永远的丰碑！十二中人会永远想念我们的好校长——陶西平！

（原载于《中小学管理》2020年第8期，收入本书时文字有部分调整）

巨星陨落　杏坛恸悲
——深切缅怀当代教育家陶西平先生

安文铸①

2020 年 5 月 19 日清晨，中国当代教育家陶西平先生仙逝。噩耗传来，杏坛恸悲。教育研究工作者、中小学校长和教师、教育行政部门的官员无不震惊和悲痛，大家纷纷发文，悼巨星陨落。

我与陶西平先生交往 20 余年，先生长我 5 岁，是我的兄长、导师和挚友。在深切悼念和缅怀先生之时，过往的一切像电影回放一样，一幕幕呈现在我的眼前。此时此刻，任何文字都显得苍白，都无法表达我对先生的思念和追忆之情。

一、我与陶老的相遇、相识、相知

我与陶老相遇、相识于知名中学校长高级研修班。20 世纪 90 年代中叶，时任北京市教育局局长的陶西平同志高瞻远瞩，举办了国内首创的知名中学校长高级研修班，来自北京市第四中学、北京师范大学附属实验中学、中国人民大学附属中学、北京大学附属中学等 15 所北京优质中学的知名校长参加了为期两年的研修活动，活动包括理论学习、实践探索、外出考察、结业论文撰写等。陶老亲自做开班动员，把这个高级研修班的成员定位为北京市中学校长的"领头雁"。作为高级研修班的主讲教授，我在感受到巨大压力的同时，也感到自己承担着一份沉甸甸的责任。其间，陶老几次与学员座谈，他对教育本质的理解、他的教育情怀和使命感、他对校长们的殷切期待和严格要求，给我以深刻的印

---

①　北京师范大学教授、博士生导师。

象和影响，成为我之后 20 多年辛勤耕耘于基础教育真实世界的重要动因。

后来，陶老的职务不断变化，从北京市教育局局长到兼任北京市市长助理，从北京市人大常委会副主任到诸多国内外教育组织的兼职领导……，他成为国内为数不多的学术型教育官员。随着他出任联合国教科文组织各层级协会的多个领导职务，他的教育视野日益扩大，学术造诣也日益提升。我任职佛山市教育顾问期间，曾两次请他来讲学。第一次是 2006 年末，佛山市教育局领导希望陶老围绕"教育现代化"主题为全市五大区的中小学校长做学术讲座。我在与陶老联系中得知，他刚好有三天在广东省参加活动，接到我的请求后，他硬是在这三天中挤出了半天时间到佛山做学术报告。第二次是 2011 年，《国家中长期教育改革和发展规划纲要（2010—2020 年）》颁布后，佛山市禅城区教育局希望请陶老对其做深度解读。我给陶老打电话时，他说他刚从国外回来，那个月只有某两天还有空，结果，我们就占下了这两天。他前一天晚上从四川省飞到广东省，第二天上午在千人会堂做解读报告，午饭后立即飞往海南省。这一切都使我深深感受到陶老的教育情怀和敬业精神。

2010 年，社会科学文献出版社拟出版我的"基础教育真实世界三部曲"的第二部《在基础教育的真实世界里耕耘》一书。我把目录、前言、大部分正文寄给陶老，请他写一篇序。我知道他很忙，故书稿寄出后未再催促。可万万没想到的是，2010 年 2 月 16 日（正值大年初三）晚上 11 点，我在邮箱里收到了陶老的"序"。在该书的"后记"中，我写道："我要特别感谢教育部总督学顾问、联合国教科文组织协会世界联合会副主席陶西平先生为本书作序。陶老的序，与其说是在评价拙著，不如说是在抒发他对中国基础教育最深刻、最高明的见解，这对我本人和广大读者都具有难得的启迪作用。"

陶老：您所给予我的一切，不是用"感谢"二字能表达的，我将把它作为自己教育生涯中的宝贵财富和美好记忆永远珍藏于心。

二、陶老留给了我们哪些精神财富

陶老的教育生涯丰富厚重，精彩纷呈，他做过中学校长、教育局局长、教育部总督学顾问；他有着国内外大量参观、考察、调研的经历和资源积累。因此，我们可以就他的教育思想、办学理念、管理方略、人才培养等方面梳理出诸多的教育思考。但是，我想超越这些教育操作和治理层面的内容，横向梳理出一些精神层面的财富。那么，陶老的哪些精神特质值得我们追忆和继承呢？

（一）高屋建瓴，聚焦本质

陶老在论述教育问题时，不是从现象和表层问题（如教学内容、教学手段、教学评价）出发，而是聚焦本质。在巴黎举行的世界知名小学校长高峰论坛上，他提出了世界性教育改革和发展的背景："两个失衡和一个机遇"，即后工业时代由于两极分化所形成的人际关系的失衡，表现为社会道德体系的缺失；人与自然关系的失衡，表现为人类与大自然之间出现的诸多危机；而经济结构和产业结构的调整又为教育改革提供了机遇。他指出，这两个失衡不能单纯靠发展经济和投入经费来解决，而是要靠教育、靠"人"的改变来解决。这就直击了教育的本质，回答了"培养什么样的人"和"怎样培养人"的问题。对国内的教育，陶老从不提倡一些似是而非、哗众取宠、花样翻新的教育口号，而是从理念高度反复强调"适合的教育就是最好的教育"这一普适理念。

（二）根植沃土，注重实践

陶老考察过数十个国家的教育，积累了海量的信息，但他从不照搬和套用，而是将其作为比较和分析的素材。他在为拙著《在基础教育的真实世界里耕耘》所作的"序"中写道："随着我国的改革开放，世界各国的教育理论都被介绍到国内，这对我国的教育改革起到了重要的推动作用。但不可否认，也有一些专家只把这些理论当作圭臬，以此为唯一依据来设计教育改革，结果脱离了我国的国情，改革方案推进十分艰难。"陶老高度重视根植国内基础教育这片沃土，研究中国各地区的教育实践经验和教训。他无论做什么主题的学术报告，都将大量的第一手材料作为依据，这些材料包括文字、视频等。对于国内出现的照搬套用，不顾国情、区情、校情的现象，陶老给出了中肯的、尖锐的批评。他说：面对国内教育改革中的问题，"学界都试图尽快给出答案，但转型期极易产生的浮躁学风，使不少同志潜不下心来进行冷静的思考，常常是抓住一点就不及其余，偶有一得便大加发挥。所以，论述不少但支离破碎，处方很多却难于见效"。他一语道破：在中国这片沃土上的实实在在的教育实践，才是检验教育改革成效的唯一标准。

（三）辩证思维，全面分析

陶老十分重视教育研究中的方法论指导，时时刻刻遵循辩证法。他说："教育是由若干相互联系而又相互制约的因素构成的系统，正是这些因素的矛盾运动推动了教育事业的发展。因此重视系统地研究教育问题，重视通过统筹促进教育工作的协调发展，以防止和减少片面性，是教育事业科学发展的方法论基础。"针对我国教育研究和决策中的问题，陶老指出："当前教育研究包括教育决策存在的通病，是简单地就事论事，就事论理，结果决策匆忙而又经不起实践的检验。想解决这个问题带出了另一堆问题，注意了一种倾向忽视了掩盖着的另一些倾向。"众所周知，近年来陶老最关心的问题之一，是教育公平和义务教育的均衡发展问题。2009 年，他参与《国家中长期教育改革和发展规划纲要（2010—2020 年）》的调研、起草工作，任国家教育发展战略教育公平组组长；后又担任国家教育咨询委员会义务教育均衡发展组组长，在全国范围内进行义务教育均衡发展的调研和指导工作，完成了《成都市以城乡一体化推动义务教育均衡发展》的调研报告，受到了国务院领导的肯定。在研究过程中，陶老强调，对教育公平问题必须做全面研判，从方法论角度而言，差异是绝对的，公平是相对的；所谓教育公平包括机会、过程、结果的全面公平，不同区域、学校之间的差异不能用"削峰填谷"的方法来解决，而是要靠差异性发展来解决。陶老的系统思维、辩证思维是他留给我们的重要的精神食粮。

（四）不忘初心，鞠躬尽瘁

陶老几十年来兢兢业业，忘我奋斗，为所有教育工作者树立了光辉的榜样。他从做中学校长起，自始至终都是行政工作和学术研究工作双肩挑，在两条战线上双丰收。他勤于学习，保持着敏锐的思考能力、反应能力和判断能力；他不知疲劳、忘我工作，特别是近 20 年来，他每年都要多次到国外参加国际学术会议，不仅要承担教育部的各种宏观调研工作，还要应全国各地之邀，做不同层次的学术报告；他不辍笔耕，著作等身，出版了一整套文集。他的工作节奏和工作负担都是常人难以想象的，而他从岁过花甲、年逾古稀，直至耄耋之年，始终如一。陶老真正做到了不忘初心，不负韶华；鞠躬尽瘁，死而后已。陶西平先生：我们将学习您的精神，继承您的遗志，接力完成您未竟的事业。陶老西行，一路走好！

（原载于《现代教育论丛》2020 年第 4 期，收入本书时文字有部分调整）

温暖的老人　睿智的长者

朱建民[1]

　　陶西平先生 1947 年至 1949 年曾在北京志成中学也就是今天的北京市第三十五中学（简称"三十五中"）读书，虽然时间不长，但多年以后，陶先生依然时时关注学校的发展，对我们几乎是有求必应。

　　1993 年，在三十五中建校 70 周年之际，陶先生为学校题词："办出特色，培育英才。"他一直在"大家不同，大家都好"的理念下，希望每一所学校都能够办出特色，对于母校更是如此。在学校几十年的教育改革之路上，每一个改革项目、每一个关键节点，都有陶先生的智慧与远见。

　　2008 年，我校成立"六年一贯制课改项目班"就是受陶先生的启发的结果。当时我们探讨的话题是，教育不应该是铁路警察，各管一段，初中三年用两年半学完课程，半年时间复习应考；高中三年用两年时间学完课程，一年时间复习应考。如此这般，学生的初、高中阶段的学习似乎就是为了两个分数，创新人才何来？陶先生希望自己的母校在教育改革中走出大胆的一步，让教育更加关注人、关注人的综合素养培养。风雨 12 年，"六年一贯制课改项目班"已成为素质教育的典范，已成为学校课改的旗帜，近 500 名学生在项目班留下了他们 6 年幸福的中学生活记忆，而撬动这个项目的那位睿智的老人却离我们而去了！

　　2012 年，我们想申办高中阶段的中外合作课程项目，向陶先生请教，陶先生说的一段话让我们至今记忆犹新。他说，中外合作课程项目必将经历三个阶段：第一个阶段是引进课程阶段，即我们引进各种外方

---

[1]　北京市第三十五中学原校长。

课程，按照外方的要求教；第二个阶段是比较融合阶段，也就是在我们对外方课程了解的基础上，开始做比较研究以及本土研发；第三个阶段是我们本土化研发的课程走向世界。因为已经有很多学校走过了第一个阶段，所以三十五中要做中外合作项目，就要从第二个阶段开始，走融合发展之路。

2012 年至 2015 年，在陶先生的主持下，北京联合国教科文组织协会组织我们几所学校做了三年"中西基础教育比较研究"课题。结题之时，陶先生亲自走访三十五中国际项目部进行现场指导。在国际合作教育领域摸爬滚打 8 年，我们一直牢记陶先生的嘱咐，也更加理解陶先生内心深处对中国教育的思虑：课程是有价值观属性的，我们的教育给予孩子的一定是以我们的价值观为背景的课程，一定要给我们的孩子有充分的身份认同感和文化自信的教育。这些年来，三十五中的国际合作课程项目走了一条不寻常的道路，但这种不寻常是有价值的，是开启基础教育中外合作课程项目新阶段的道路！虽憾先生未能见到项目的完成，但请先生放心，我们会沿着您指引的方向继续努力前行！

陶先生对我们的科技班也非常关心，他总说，要改变我们教育重知识、轻实践的现实，三十五中的科技班是一个大胆的尝试，学生能在高中阶段就有机会像研究生一样做研究项目，有机会接触科技的最前沿，有机会大胆猜想与探究，他们未来定会大有作为。所以，陶先生走到哪里都会宣传我们的十大高端科学探究实验室，不是因为硬件，而是因为理念，因为我们敢于大胆放手，给学生时间与空间去探索未来。

与陶先生在一起的一幕幕就像还在昨日，先生的音容笑貌历历在目。他喜欢吃我做的炸酱面。每次遇到我都要问什么时候做炸酱面；吃着炸酱面，还得问有没有多余的炸酱，他要打包拿走。先生夸赞我做的炸酱最好吃，那时的他天真快乐得像个孩子；而先生讨论起教育问题又是那么严肃，对问题看得那么深刻而透彻。先生对中国教育的那种深情、那种责任，真是让大家肃然起敬。先生总是温暖如阳，睿智如水，远见如山，给我们最有力、最温暖的支持。

　　有远见而又睿智的陶先生，对中国教育饱含无限深情的陶先生，对我们这些校长和教师关爱无限的陶先生走了，我们永远怀念他！

　　（原载于北京明远教育书院公众号，2020 年 5 月 21 日）

仁心笃行，高山仰止

——追寻老校长足迹，传承教育家思想

李有毅[①]

陶西平先生永远离开我们了。先生风范，山高水长。吟咏咀嚼，意味深长。翻阅北京市第十二中学（简称"北京十二中"）的煌煌卷宗，透过学校历史的熠熠篇章，我们追寻着一代教育大师的闪亮足迹……

陶西平先生在65载的教育人生中，不仅始终怀着教育理想的初心，而且始终保持着强劲灵动的输出力、见微知著的变通力、海纳百川的接受力。即便如此，他还总是谦逊地说，我顶多算是一名比较认真的教育工作者。这样一位认真的教育工作者，严谨求实、乐于奉献、扶持后学，为我国教育事业的发展做出了杰出贡献；这样一位认真的教育工作者，严于律己、博学儒雅、厚德载物，体现了一位杰出教育大家的优秀品格。

在北京十二中联合总校举办"陶西平教育生平展"并编辑《仁心笃行，高山仰止——陶西平老校长追忆录》的过程中，我们追寻着老校长充满激情与智慧的教育足迹，从他义无反顾地投身教育到成为全国闻名的先锋校长，从他在全国教育改革中探索领航到以世界眼光助推中国教育涌入世界大潮，我们更深切地感受到陶西平先生对教育理想无比执着的追求。陶西平先生教育思想的核心是"实现教育过程的整体优化"，而这个教育过程的整体优化首先涉及学校教育管理体制改革。这是因为，陶先生是从学校走出来的，亲身经历了一所学校建设以及管理

---

① 北京市第十二中学联合总校校长。

改革的诸多细节，那份情怀、那段经历让他始终把关切的目光投向学校。我们研究陶西平教育思想，就要从他在学校期间的管理工作上追根溯源，而他在北京十二中担任校长时的教育整体改革就是一个重要切面。

一、陶西平先生是一位敢于创新的教育实践家

1982—1986 年，陶西平先生任北京十二中校长时，在研究宏观教育管理体制改革的同时，大力推进学校内部管理体制改革。他与时任校党总支书记的方军燕交流办学思想，共同提出了"同心同德，兢兢业业，为北京十二中在 1990 年进入首都第一流学校的行列而奋斗"的改革目标。围绕这一目标，陶校长努力恢复教育秩序，狠抓教育质量和教师队伍建设，特别是对中小学内部管理体制改革进行了专门研究，借助系统论分析学校内部管理诸因素，提出以整体优化的思想对学校内部管理体制进行大胆改革。1984 年 9 月，学校行政会讨论并通过《教职工代表会议章程条例》《教职工工作人员聘任条例》《教职工评奖条例》。1984 年 10 月，学校公布第一届教职工代表大会代表名单，召开第一届教职工代表大会，通过《教职工代表大会章程》《工作人员聘任制条例》《教职工评奖暂行办法》，代表们提出 100 多条提案。陶校长在全国率先建立起校长负责制、教职工代表大会制和教职工聘任制三位一体的学校内部管理制度，推行领导体制、管理体制和分配体制相协调的学校管理改革，为后来众多学校的改革实践提供了范例，其思想至今仍不过时。

为使学校发展更上一层楼，李英威区长、陶西平校长、杜蕴茹厂长共商校办工厂发展大计，提出"办学要办厂，办厂为办学"的方针，以"不等不靠"的精神，将十二中的"全国第一所校办工厂"发展成为"全国效益最好的校办工厂"。1985 年，北京十二中校办工厂已发展成为有港商投资的外向型企业，办厂经验在全北京市、华北地区乃至全国得到推广，堪称一面旗帜。校办工厂的成功不仅使北京十二中声名鹊

起，更重要的是为学校改善办学条件、为教师提高福利待遇等提供了重要的经济保障。学校可以加盖校舍、升级硬件设施，教师的生活得到改善，再无后顾之忧。新的道路就这样走出来了。

20世纪80年代，北京十二中在陶校长的带领下，乘着改革开放的浩荡春风，凭借真抓实干，办学质量发生了质的飞跃。学校的改革成果受到广大师生、各级领导和社会各界的充分肯定，《人民日报》《光明日报》均在头版做了详尽报道，北京市委、市政府，中央和地方其他多家媒体也对北京十二中的改革给予了很高评价。由于改革成果突出，1985年，陶校长也获得了全国五一劳动奖章，被评为全国优秀教育工作者、北京市特等劳动模范，被北京市委授予优秀共产党员称号。

朱自清先生曾说，教育的精神就是实干。教育，不要总是坐而论道，而要恪守"行胜言、成于思"。陶校长正是如此，数十年如一日，以严谨踏实的作风、张弛有度的做法在教育发展上凝练出非凡的智慧。

二、陶西平先生是一位造诣精深的教育理论家

办学条件的改善，最终是为了服务于学生的发展。陶校长始终认为："人永远是目的——这是全部教育活动的出发点和归宿。在任何情况下，始终都要把人作为目的而非手段。学生的发展永远是教育活动的目的，任何时候都不能把学生当成手段。"基于此理念，陶校长提出了实现教学过程整体优化的主张，把教学改革的重点放在"加强学生能力的培养与智力的开发""发挥学生在认识过程中的主体作用""培养学生的创造精神""加强课外教育并发展学生的个性特长"这四个课题上。北京十二中成立了全市首个金帆民乐团，在全国率先建立了心理教研室，开设形体课、心理课和综合实验课……。这些都成为开阔学生视野、陶冶学生情操、开发学生智力、发展学生个性特长的重要阵地，并与课堂教学相辅相成。

北京十二中金帆民乐团的建立是陶校长实现育人过程整体优化理念的典型案例之一。北京十二中金帆民乐团是陶校长一手创办的，是北京

市第一个学校民乐团。在 1985 年第一个教师节上，陶校长亲自指挥乐团合唱，可见其深厚的音乐底蕴和审美素养。担任北京市教育局局长后，他依然非常重视学校的音乐教育，提出建立高规格的北京市金帆艺术团的构想："扬起理想的风帆，驶向成才的彼岸。"北京十二中金帆民乐团也光荣地成为北京市首批金帆艺术团。2013 年 2 月，在厦门举行的全国第四届中小学生艺术展演比赛中，北京十二中金帆民乐团作为北京市唯一的中学民乐团体代表，一举夺得全国一等奖第一名。2011年学校金帆民乐团在国家大剧院举办首场演出，2014 年又在中山音乐堂举办专场演出，陶校长都亲临现场观看，一如既往地关怀金帆民乐团的发展。陶校长担任联合国教科文组织协会世界联合会荣誉主席后，北京十二中金帆民乐团的师生们更是有机会作为中国文化的使者，在国际舞台上彰显了中国学生的艺术素养。

现在，我们回望学校金帆民乐团 30 多年的发展历程，可以发现陶校长对人的全面发展的见解独到且高远，与当前《关于全面加强和改进新时代学校美育工作的意见》的内涵不谋而合。"美育是审美教育、情操教育、心灵教育，也是丰富想象力和培养创新意识的教育，能提升审美素养、陶冶情操、温润心灵、激发创新创造活力。"从美育这一视角，我们也可以管窥陶校长对于人的关切贯穿于教育整体优化过程的始终。他所提倡的教育教学过程的整体优化，促进了人的全面发展，并由此带动形成了多元多维的教育评价体系。

学校管理改革和教育教学改革是陶校长教育思想理论中极为闪光的一部分。除此之外，他还关注科技对教育的影响，积极推动人工智能与教育的深度融合；他既强调学校教育的重要性，也提醒大家重视家庭教育；他注重将课程、教学、评价、管理加以整合，形成研究链条。他不同程度地参与了近些年我国基础教育、学前教育领域几乎所有重大文件的制定和重大工作的战略谋划、组织实施，对推动教育现代化、推进教育公平、提升义务教育质量等都发挥了重要的引领作用。

三、陶西平先生是一位仁心笃行的教育思想家

今天，我们学习和研究陶校长的教育思想，不仅要看到这一思想的理论价值，更要从他人格的方方面面来透视他教育思想的文化特征。北京十二中联合总校特地采撷陶校长教育生涯的华彩篇章，编写了《仁心笃行，高山仰止——陶西平老校长追忆录》，举办了"陶西平教育生平展"，展示了陶校长不断追求教育理想、探寻教育真谛，为了教育事业努力实践、改革、创新的一生。那些泛黄的老照片、鲜活的案例、真切的讲述，承载着大家与陶校长交流的点点滴滴，也折射出他的优秀的人格品质。

从中，我们看到了一位教育大家的大爱，一种超越了班级、学校、国界，对国家社会、大自然和全人类的爱。这种爱，将给教育者一种宽广的胸怀和眼界，一种不凡的气度和心态，更重要的是，它将通过教育者自身的言行，传递到学生身上，使其成为具有爱国精神、责任意识和大爱情怀的一代新人。

陶校长曾说："教育家的桂冠是放在人们心里，由人们发自内心地授予的。我心目中的教育家有三个重要标志，一是有执着的教育追求，二是有成熟的教育理念，三是有成功的教育实践。"陶校长的一生是不懈推动教育发展的一生，他本人恰是体现这三个重要标志的教育大家。

教育之谓大者，需时刻关注学生及教师的需求与愿景。作为一校之长，陶校长从不高高在上地发号施令，他只是以民主宽厚的姿态倾听教师的心声，并热情地鼓励学生。北京十二中前校长张永启回忆："我们感觉，在北京十二中工作有一种幸福感。这种幸福感来自校园文化的魅力、来自陶校长对教师工作的关心以及他充满智慧的设计。每年的迎新年联欢会上，陶校长都会宣布校内十大新闻，这些新闻反映了学校所取得的成绩，来自老师和干部的付出。每年的十大新闻都备受老师关注，大大调动了老师们工作的积极性。"这一惯例学校沿用至今。曾在北京十二中担任团委书记、党委副书记的郭魁兰说："陶校长从来都不摆官

架子，每次见到老师都是主动上前打招呼，老师们与他共事感觉很开心，没有负担，也很有动力。当时，为了丰富教师们的业余生活，陶校长也参与组织了不少活动。举行艺术节时，陶校长还组织教师进行了大合唱，他亲自担任指挥，大家都感到特别开心。"熟悉陶校长的人，总会为他的虚怀若谷、谦逊和蔼、平易近人、富有亲和力所折服。

教育之谓大者，需始终立足实践，坚持与时俱进。2006年，我初任校长时，曾带着关于教育的10个问题请教他。他就如何把握教育改革形势、如何寻找学校发展路径、如何成为一名优秀校长等问题给予我细致的指导和帮助，充满信任地将学校发展的重任交付给我。多年来，每当我工作上遇到瓶颈时，他都能用深邃的智慧、幽默的语言点拨我，帮助我破解难题，给我指点迷津，使我受到深刻的启发和感召。十多年来，我和陶校长的接触还有很多次，每一次接触都有新的感悟。在学校建校80周年、教育集团成立、承办中日韩青年文化节的重要场合，他都会莅临指导，始终关注着学校的发展。他最后一次出席公开活动是2019年10月举办的第六届中小学校长论坛，当时他已身体欠佳，但做的报告却依旧思路清晰、见解独特，他还特别提到了北京十二中承办的中日韩青年文化节。

这样一位思想敏锐、笔耕不辍的教育者，于我而言是一位好老师，于学校而言是一位好校长，于教育界而言是一位引领者。正如罗洁会长的评价："陶西平先生的一生，是为我国教育事业发展呕心沥血的一生。陶西平先生的逝世是中国教育界的巨大损失，也是世界教育界的重大损失。"

教育之谓大者，需为学校文化擦亮底色，激发学校发展活力。退休老教师穆淑兰在回答"校训是陶校长在什么背景下提出的"这一问题时谈到，校训提出的背景和具体情境已经记不太清楚了，但是可以肯定的是，在当时，"同心同德，兢兢业业，求实创新"的校训提出后，老师们都有很强烈的认同感，因为老师们都觉得，这个校训就是自己平时在做的事情。对于这十二字校训，老师们早已内化于心、外化于行。在陶校长的引领下，每位老师都努力为学校奉献自己的光和热，从而让学校的办学质量发生了质的飞跃。

直到今天，在每周一的升旗仪式上，北京十二中联合总校的全体师生还都要同呼这十二字校训。提高教育质量需要大家同心同德：同一个目标，同一个理想，把我们聚集在一起，我们要团结一致，共同奋斗，这是北京十二中人的精神。提高教育质量需要兢兢业业：任何点滴进步，都需要付出辛勤的劳动，几代北京十二中人都曾经为建设一所名校历尽艰辛，这是北京十二中人的作风。提高教育质量需要求实创新：从实际出发，扎扎实实地做好教学工作，并且不断树立新的目标，勇于开拓，勇于追求，这是北京十二中人的品格。校训已经不仅是陶校长的教育理念，它也已成为北京十二中真实的校风传统。

北京十二中人认识到，学校的"守正"与"创新"是对立统一的关系。一方面，"守"是基础，是固本，"守正"就是捍卫学校文化的精髓，传承学校文化的优秀基因，夯实发展的根基。唯有在"守正"的前提下，学校文化才有创新的潜力。而"创新"则为学校的发展提供了不竭的动力。

学校传承了陶校长创新和改革的核心思想，并与时俱进地丰富与深化创新的内涵，拓展出更为广阔的发展空间。北京十二中率先全面推动高中课程改革，以自主课程实验为契机，构建"真善美交融"的课程体系；在全国首创钱学森学校，创办钱学森航天实验班；推进国家级课题"普通高中创新人才培养的实践研究"；联合多所名校发起成立全国首个教育信息化协作体"推进教育信息化应用名校联盟"，承办首届全国智慧教育高峰论坛；首先推出了"家校社共育咨询室"，为学生的成长提供综合支持。2018 年 9 月，北京十二中钱学森学校正式启用，陶校长赞誉："回答'钱学森之问'是当代中国教育工作者的历史责任。希望北京十二中钱学森学校认真学习、践行钱学森的大成智慧教育思想，在创新的道路上不断取得新业绩。"北京十二中正沿着前辈指引的教育之路，以教育的大格局和高站位不断地推动联合总校的跨越式发展。

北京十二中人因有陶西平先生担任过校长而倍感荣光。现在，《仁心笃行，高山仰止——陶西平老校长追忆录》已成为北京十二中联合总校青年教师的必读书目，"陶西平教育生平展"更是成为联合总校师生珍贵的教育资源。北京十二中人只有奋发图强、与时俱进，才是对陶校长最好的告慰。

陶校长，您放心吧！我们一定努力让您耕耘过的沃土在您的教育思想的浇灌下长出更加苗壮的栋梁之材！

北京十一学校教育改革的智慧引路人

——怀念陶西平主任

李金初①

1986 年 3 月，北京市第十二中学校长陶西平直接就任北京市教育局局长，震动京城教育界。

1986 年 9 月至 11 月，国家教委在国家教育行政学院举办全国九省市中学教育思想研讨班，陶西平局长派出北京市十名中学校长参加，我是其中一员。中秋日，研讨班举行中秋赏月晚会，陶西平局长以及著名歌唱家关牧村、迪里拜尔等应邀参加。晚会结束，北京学员都高高兴兴地回家。十分幸运，我搭乘陶局长的车回城。这是我第一次与陶局长近距离接触，也是第一次亲身感受到陶局长亲民为民的朴实作风，从此开始了我与陶局长 30 多年的密切交往，这成为我领导好北京十一学校（简称"十一学校"）和北京建华实验学校十分重要的智慧来源。

陶局长是一位很有智慧的人。他早年毕业于北京市第四中学，进而就读于北京大学，几十年叱咤风云于北京市和中国基础教育界，并影响到亚洲和世界的教育，其重要基础就是他的智慧。

而我的幸运之一就是有机会借用他的智慧。

1987 年，我开始担任十一学校校长。正是这一年，他在北京市第八中学（简称"北京八中"）开始了教育改革实验——实行校长负责制、教师聘用制、工资总额包干制、结构工资制，并取得成功。这是一项很有智慧性的改革设计，由此掀起的北京市教育改革浪潮广泛地影响到京城内外，并迅速引领全国。1988 年 6 月，他在全市推广北京八中

---

① 北京市建华实验学校董事长。

的经验，各区县都选择了首批实验校。当初海淀区并没有选择十一学校，但通过努力，十一学校"挤"进了实验的行列。这是十一学校快速发展的重要节点。改革激活了十一学校，学校面貌迅速改变，出现了久违的欣欣向荣的局面，当年10月，十一学校即作为改革典型在全市介绍经验。这是改革开放后十一学校第一次在全市登台亮相。

我很敬佩他的智慧，也想经常得到他的指导，于是常常去找他汇报、咨询、求解。但他是个大忙人，我有时只能和他谈五分钟。

1991年元旦前夜，我从市教育局的朋友那里打听到，当天陶局长值班，碰巧我在十一学校也值班，机会十分难得。我到市教育局与他进行了一次长谈，持续两小时。我主要谈了自己对学校发展，特别是全面改建十一学校的规划设想。我向他坦陈，现在存在许多困难，特别是严重缺乏建设资金；我感觉，自己的畅想就如同梦幻一般，美丽但难以实现。陶局长听完后，十分有信心地鼓励我："不是梦想，完全可以实现！"他还给我做了详细分析。当我走出市教育局，长安街一片灯火辉煌，1992年即将来临。我带着鼓励，充满着信心，继续思考着十一学校未来的发展。

1992年，十一学校制定中长期发展规划，决心在前辈们开创的宏伟事业的基础上，用10—15年的时间，把十一学校建设成现代化学校。15年后，我离开十一学校时，学校没有使用国家的财政经费，也没有接受任何法人和私人的投资，完全利用学校国有民办制改革的办学积累，投资4.5亿元，建成了占地14.8万平方米的现代化学校建筑，成了一所蜚声京城内外的现代化名校。

十一学校对全国最大的影响应该是率先进行了公办学校的"国有民办制"改革，首创了国有民办制学校，闯出了一条部分公办学校走出经费困境的道路。从理论上讲，是创立了国有民办制的办学理论，在公办学校和民办学校之外，建立了混合所有制学校，使得作为上层建筑的基础教育的办学体制，与作为经济基础的公有制经济、私有制经济和混合所有制经济相对应。这是对办学理论和办学实践的一种突破。十一学校的这一改革创举，影响到全国数以千计的公办中小学和幼儿园的体制改革，并且为教育增加了数以千亿的经费，在一定程度上缓解了国家和地方教育经费的困难，使一批学校迅速脱贫发展起来。

但这一改革具有极大的风险。从理论上讲，也需要对其做出准确的概念界定。对这一改革，我在 1992 年 5 月 8 日做出的最初的表述是"自主筹集日常办学经费，自主招生，自主用人，自主工资分配，自主教育教学实验改革"，简称"五自主改革"。1993 年 1 月 17 日，在北京市海淀区教育系统的一次活动中，陶局长对我说："'五自主'这种概括，既不简练，也还有不清晰的地方，能不能改进一下？"两天后，在北京市朝阳区李观正校长组织的一次活动中，我向陶局长汇报了新的归纳——"国有学校，校长承包，经费自筹，办学自主"，简称"国有民办"。他听后思考了一下说："我给你改一下，'国有学校'改成'学校国有'，'承包'太市场化，不适合学校，改成'承办'好一些。"然后，他一边很有节奏地敲着桌子，一边念着："学校国有，校长承办，经费自筹，办学自主，简称'国有民办'。"停顿了一下，他肯定地说："这种概括，集中反映了十一学校改革的基本特征。"从此，"国有民办制"的表述就传遍大江南北，至今仍属经典定义。

2007 年 10 月，我结束了在北京十一学校长达 20 年的校长生涯，陶主任给我发来短信，短短六个字："开始新的征程。"陶主任最了解我。我来到北京市建华实验学校，开始了我的人生中心教育的理论构建和实践探索。陶主任多次来到我校，对人生中心教育给予了极高的评价。

在几十年的教育生涯中，我既经历了公办体制，又经历了民办体制，更经历了国有民办体制。学习了不少，思考了不少，也总结了一些，于是将一些文字结集成书。从 2000 年到 2019 年，已经出版八部专著。十分有幸，许多专家、领导为我的书作序，但在将近 20 年的跨越中，陶主任是为我的书作序最多的一位，八部著作中的序言作者中都有他闪亮的名字。他在序作中继续给我智慧，给我力量，给我指引明天的道路。

2019年10月16日，北京教育学院首届中学校长高级研修班的学员回学院回顾与总结25年前进行的首届研修。胡昭广副市长、陶西平主任作为当年这项研修活动的领导者、支持者也应邀出席。陶主任虽在病中，但依然神采奕奕，发表了热情洋溢的讲话。我为他拍了一张照片，会后给他看，他十分满意，要我发给他。未曾想到，这张照片竟然成了永别的留念。

陶主任走了，但他的精神和思想犹在，我们都会永远怀念他。

（本文系作者于2020年9月10日在陶西平先生追思会上的发言，收入本书时文字有部分调整）

感念恩师陶老

陈立华[1]

2020 年 5 月 19 日，噩耗传来，恩师陶西平驾鹤西归。至今，我仍不敢相信这是事实。恩师的音容笑貌、谦逊待人，以及他对教育的孜孜追求和对我的谆谆教导，都在我的脑海中一一浮现。

2015 年，我和北京市朝阳区白家庄小学的祖雪媛校长有幸成为陶老的关门弟子。五年来，我原想捧起一掬水，陶老却给了我整片海洋。回忆起恩师的点点滴滴，我不禁泪眼模糊。

陶老与我校有着很深的渊源。1996 年 12 月，"幸福村中心小学"更名为"北京市朝阳区实验小学"，时任中国教育学会副会长的陶老欣然接受我校老校长马芯兰之邀，为学校题写了校名。在陶老题写的校名的陪伴下，朝阳区实验小学一步一步成长、壮大。时至今日，在北京市朝阳区、密云区，贵州省贵阳市、河北省雄安新区等我校的 20 个校址，我们都能看到陶老题写的校名。

陶老给予我的，不仅是办学上的指导，更是精神上的引领。他的点拨，总能使我豁然开朗，找到新的前进方向。2010 年，我将自己的人生感悟与学校的发展、学生的未来成长结合起来，确立了"为幸福人生奠基"的办学理念，后来，在构建育人体系时，我请恩师为我把脉。陶老说："学校教育要给学生引路，在道德上，同样也要给学生引路。"就这样，我们将育人体系的表述凝练为："幸福人生从健康起航，幸福人生让道德引航，幸福人生用习惯护航，幸福人生乘能力远航。"恩师就像一座灯塔，在人生的大海中为我点亮一束指引的光芒。当我遇到难

---

[1] 北京市朝阳区实验小学教育集团校长。

以解决的问题时，他用三言两语就能为我拨开重重迷雾，让我静下心来；当我遇到发展瓶颈时，他又会亲力亲为，为我指点迷津，让我充满信心再出发。

陶老的一生是为教育事业不断奉献和奋斗的一生。为了中国教育，他倾注了毕生心血，推动了中国基础教育的改革与发展。陶老深受基层校长和教师的爱戴，他的讲座既高屋建瓴，又贴近实际，每次听他的讲座，都能产生新思考、新启发。他时刻为校长与教师的创新和进步鼓劲，激励着每一位教育工作者。从我校长生涯启航到举办办学实践研讨会，从学校内涵发展到集团化办学……，在我做校长的每一个重要节点，陶老都给予我无私的指导与支持。陶老多次走进我校，始终关心着学校的发展，对学校的办学方针和策略如数家珍。每每看到学校的进步，他总会露出笑容，就像慈父看到了孩子的成长。每次走进学校，他都会将世界教育改革的前沿信息、发达国家课堂教学的鲜活案例等分享给我们。听他的讲话，总有如沐春风的感觉。

陶老心系中国教育，做的是大事业，但是在他心里，依然牵挂着我们每一个平凡的教育者。和陶老接触过的人，无不被他的人格魅力所感染，被他温厚正直的长者风范所感动，对他的教育初心有所感怀。有时候一件微不足道的小事，即便过去了一两个月，他依然会记得对我进行提点。最近几年，陶老几次住院，我探望他时，他却总是反过来宽慰我。病愈后，他又全身心地投入繁忙的工作中。2019 年 10 月，陶老又住进了医院。透过病房玻璃，我看见陶老瘦弱的身躯，一时竟不知该如何压抑心中的万般悲痛，唯有祈福，盼望恩师能康复如初。2020 年春节期间疫情来袭，我们不能前往医院探望他老人家，心中更是万分焦急。即便在身体最虚弱的时候，他心里牵挂的还是教育。他把一切都献给了国家，把一生都献给了教育。

陶老，我心心牵挂的恩师，您走得太急太急，我还有太多的话想对您说，太多的事想向您请教，可您就这样匆匆走了，把背影留给了世界。"一个人遇到好老师是人生的幸运"，在我走上教育之路后，能遇到陶老，是我一生的幸运！仙人已过蓬莱阁，德范犹香启后人。我将带着恩师的嘱托，勇敢前行。我想，这是对恩师在天之灵的最好告慰！

泪眼婆娑，再道一声：恩师，走好！

（原载于《现代教育报》2020 年 5 月 25 日，
收入本书时文字有部分调整）

永远的陶西平

——陶老追思会上的发言

张世义①

参加陶老的追思会心情很激动，我说两句话。

第一句：我们为什么要缅怀和纪念陶西平？

我们在这里缅怀和纪念陶西平，因为他是这个时代的英雄！

大家都承认历史是人民书写的，但同时我们认为没有英雄人物的引领，人民也只能在黑暗中继续摸索。陶西平就是京城校长们心中的那位英雄——时代的英雄。几十年来，他引领着京城的校长和老师们，书写京城现代教育的历史。郁达夫在鲁迅纪念会上说过这样一句话："一个没有英雄的民族是不幸的，一个有英雄却不敬重、不爱戴的民族是不可救药的。"从这个角度说，我们今天在这里举办一个自发的、纯民间的追思会，是极具积极意义的。

我们在这里缅怀和纪念陶西平，因为他是一个时代教育的代表。正像罗洁主任和田树林校长发言中所指出的那样，陶西平是一个时代的象征，是思想、精神、品格的象征；提起陶西平的名字，人们就会感受到一种教育的力量。我始终认为：一位伟大的人物不在于他在位时人们如何追随与颂扬，而在于他离位、离世后人们的思念与坚守！从 2020 年 5 月 19 日陶西平同志离开我们之后，我一直在思考：他到底是一个什么样的人？在和陶西平同志几十年或远或近的接触中，我觉得他是一位在交往的细节中让人感受到其人格魅力的真挚的朋友，是一位在不经意的言语交谈当中能够让你受到智慧启迪的学者，是一位让人能从他那里

---

① 北京市潞河中学原校长。

获得信任与安全感的可敬师长。他在我们京城校长心中有一种沉甸甸的分量。陶西平是什么样的人呢？我认为他是京城最具影响力的校长！就像罗洁主任介绍的那样，在改革开放的几十年中，陶西平同志总是处在教育改革开放的前沿阵地，他是先行者、引领者、领导者。在几十年的时间里，他像一团火光，燃烧时代，点燃激情，与时代同行。他是一位才华横溢、难能可贵的思想先行者。他倡导"多角度思维""大家不同，大家都好"。他是一位不知疲倦的实践者，不畏艰辛，砥砺前行，在改革的疆域中不断跨越一个又一个海格里斯柱。凡是京城历史性的教育事件，诸如学校办工厂、校长负责制、金帆艺术团、设立"紫禁杯"班主任奖、体制改革实验、教育评价课题研究、多元智能理论、民办教育发展、中日韩青少年交流、民间教科文运动……，几乎都与陶西平的名字紧密相连。但与此同时，他又是京城教育能够稳定、健康、可持续发展而不出现"大折腾"的压舱石和定盘星。他在京城教育界有着不可替代的灵魂地位，他的身上凝聚了当代中国教育工作者的优秀品格，他是一个教育时代的代表。他的离去，给京城教育留下了巨大遗憾，给京城的校长们带来了极大的悲伤。石彦伦校长在挽联中写道："大家西行，谁人再秉烛指路？西平远去，教育再无陶西平。"这是一批京城校长发自肺腑的呐喊和悲恸的共鸣！

我们在这里缅怀和纪念陶西平，因为他带走了一个时代，一个教育的时代！我们在座的很多校长都曾追随着他一起经过了那个给我们带来苦涩和艰辛的年代，经历了让我们燃烧激情的岁月。我们和他一起走过！怀念他，也是怀念我们共同走过的那段历史、那个时代！在那里，有我们扎实的脚印、晶莹的汗水、逝去的年华……。历史因为值得珍惜才显得珍贵。我恳请会议的主持人、此次追思会的发起者和组织者，请用你们值得的力量把陶西平的传奇人生写成剧本，拍成电影，那一定很感人、很好看、很具有教育意义！让经典永流传，陶西平本身就是一部教育的经典！

第二句：距离缩短了，仰角加大了。

人们常说姆佣的眼里或者亲人的眼里是没有伟人的。我和陶西平同志从最初认识到慢慢走近，经过了三十几个年头，但真正谈得上近距离接触还是退休之后的事。这些年，我有幸参与了北京市联合国教科文组织协会的一些活动，特别是在兰宏生主席的带领下，我跟几位校长一起参加了 2007 年在希腊、2010 年在日本、2012 年在墨西哥举办的联合国教科文组织的会议，还有 2013 年在北京与汇佳学校共同举办的亚欧学校道德教育论坛、2014 年在美国纽约举办的联合国教科文组织协会世界联合会第 34 届执委会、2015 年在北京举办的联合国教科文组织协会世界联合会第九届世界代表大会，以及我和李仲秋校长一起最后一次陪同陶西平同志参加在日本函馆举办的联合国教科文组织的会议等。在这些活动中，我们得以与陶西平同志"亲密接触"。应该说，每一次会议上陶西平同志的发言都很精彩，都令人产生深刻的仰视感。

比如，2012 年在墨西哥举办的一次会议上，日本的一位代表以原子弹爆炸受害者的身份，描述了原子弹给长崎和广岛带来的灾难性后果，然后他提议，这次会议能够通过一个"弃核宣言"。他的发言得到了一些与会代表的支持。接下来我们的陶西平主席发言，陶主席以他惯有的儒雅的姿态、具有磁性的声音娓娓道来："我很理解各位代表对战争的深恶痛绝，我也认为日本人民在'二战'当中也是战争的受害者，但就此提出'弃核'是否妥当？特别是联合国教科文组织世界联合会是一个不涉及政治的民间组织，而'弃核'是一个敏感的政治话题，我们如果通过一个'弃核宣言'，会得到各国政府的认可吗？更何况，核能还有被和平利用的一面，日本不就有一个很有名的福岛核电站吗？"话音未落，台下掌声已然响起。当陶西平同志发完言的时候，那位日本的代表走到陶西平同志面前，握着他的手说："您不愧是老子国度走出来的人啊！"我想，那一刻，在与会的中国代表头脑当中，大概都有两个字——智慧，四个字——中国智慧！那一刻，所有的中国代表团成员可能都见识了什么叫"四两拨千斤"，什么叫"谈笑间樯橹灰飞烟灭"。我想，智慧的流淌是需要灵感的，而灵感的产生就像雷雨天的闪电稍纵即逝。那么，一个总能保持着这种充盈的灵感和那种大智慧的人，该有怎样的身世、怎样的学养、怎样丰富的经历啊！

又如，2014 年 3 月 9 日上午，在美国纽约举办的第 34 届执委会上，其主要赞助方日本筑波大学的一位教授介绍了"多语言构造和平项目"，展示了日本在战争中受到的伤害，提出要加强对战争幸存者回忆录的翻译，进而促进世界和平……。在随后的发言中，陶西平先生提出："我们应当客观全面地认识、对待历史和战争，如果明年全球大会在北京举行，那么我邀请各位代表参观卢沟桥等历史坐标，了解中国人民在战争中受到的巨大伤害。正如联合国教科文组织的箴言'战争起源于人之思想'，我们应客观、公平、公正地认识历史，进一步加强和平教育，让孩子们正视历史，进而建立一个和平的世界。"随后，塞浦路斯、印度等国家教科文组织协会的主席对中国的观点都给予支持。那一刻，我觉着陶西平同志就像一个奋不顾身的战士，像一个指挥若定的将军；但是我又清楚地知道，他既不是士兵也不是将军，他只是一个近 80 岁的中国老人，是一个有勇气、有担当的中国老人，他以自己的铮铮铁骨去触摸历史的经纬，梳理历史事件的脉络！

再如，2015 年在北京召开的全球大会，核心工作是换届。22 日到 24 日是全会召开的三天时间，由于很多成员国都认为陶西平是联合国教科文组织世界联合会主席的不二人选，所以他们均放弃了参选申请，原来申请了的到会后也提出退选。但是，就在 21 日晚上召开的预备会议上，中国代表团明确提出，陶西平同志不作为这次换届选举的主席候选人，而且中国也不再派出其他人作为候选人。这是一个非常大的变化，而这个变化给一些居心叵测的人留下了野心膨胀的空间，特别是南海旁边那个狭长地带国家的代表临来的时候，就在其国内刊物上发表了反华文章，并且鼓动中国的民间教科文协会和中国人民反对中国政府，气焰十分嚣张。陶西平同志充分利用了大会主席的身份和在协会中的个人威望，以及良好的人脉关系，做了日本的野口、韩国的柳在乾的工作，并连夜与 10 个非洲国家的代表沟通，终于使这个野心家落选。我读过《红灯记》李铁梅的饰演者刘长瑜的一篇回忆文章，当中有一句话："一个人最大的痛苦莫过于他喜欢做的事做起来了，但又不得不停下来。"陶西平同志当时正处于"门前流水尚能西"的状态，但他不得不退出这次选举，他心中的煎熬是可想而知的，可他仍然不辱使命，没有让那个怀揣野心的反华分子得逞。那一刻，我感受到了他心中的大格局，感受到了他崇高的政治品格；花开花落，云卷云舒，我不禁肃然起敬。从他身上，我看到了中国传统文人居庙堂之高、处江湖之远的家国情怀。

哈佛大学第 21 任校长埃利奥特先生说过一句话："人类的希望取决于知识先驱者的思想，他们对事情的认识，往往超过一般人几年，几代人，甚至几个世纪。"我想陶西平先生就是这样一位思想的先行者。他虽然离开了我们，但他的思想、品格依然时时影响着我们，鼓舞着我们。

长者风范，学者智慧，品格力量——永远的陶西平，永远的丰碑！

（本文系作者于 2020 年 9 月 10 日在陶西平先生追思会上的发言，收入本书时文字有部分调整）

我们心中的丰碑

卓　立①

2020 年 5 月 19 日清晨，伟大的教育家陶西平先生去世的消息如晴天霹雳使我们悲痛万分。

陶老是我们由衷敬重的一位导师。他是教育界的一面旗帜，是我们心中永远的丰碑，是基础教育界的一位领袖，也是我们至亲至诚的一位挚友。

早在 20 世纪 80 年代，陶西平校长的名声就响遍了京城，北京市第十二中学（简称"十二中"）的学校体制改革成了北京市乃至全国的典范。那时候我们才明确，校长是学校的法人代表，学校实行校长负责制；学校要建立以校长负责制、教职工代表大会制和教职工聘任制三位一体的学校内部管理体制，要进行领导体制、管理体制和分配体制相协调的管理体制改革。这一重大改革使中小学发生了巨大的变化，校长们挺直了腰杆，扛起了学校的大旗，纷纷提出了自己的办学理念和办学特色，基础教育领域呈现出百花齐放、百家争艳的景象，一时间，名校名园遍布京城大地，北京市的基础教育有了长足的发展。同时，北京市在学校实行了教职工代表大会制度的民主管理制度，学校和教师进行双向选择，使学校充满了生机和活力，一所所有特色的学校脱颖而出。

后来，陶老担任了北京市教育局局长、市长助理、北京市人大常委会副主任、全国人大教科文卫委员、中国教育学会副会长、中国教育国际交流协会副会长、国家总督学顾问等职务后，他的教育思想对基础教育领域的影响就更大，也更直接了。比如，他的"教育评价理论"，他

---

① 北京市润丰学校校长。

的"借鉴多元智能，开发学生潜能的理论"，他的"教育公平与义务教育均衡发展的理论"，他的"深化素质教育以及推进教育可持续发展的理论"，他的"教育现代化促进教育发展的理论"，等等，这些理论都引领着基础教育的改革与发展，对改变传统的人才观、教育观、学生观、教学观，促进学生的个性发展，深化素质教育实践发挥了积极的推动作用。因此，他是基础教育界当之无愧的领袖，是一位教育实践家和教育思想家。

我是一个在基础教育一线工作了 58 年的老教师、老校长，在我的教育生涯中，处处都受到陶老的具体的、细致的指导、激励和鞭策。

比如，20 世纪 90 年代初，我提出来要建设一所现代化学校，一个绿色的、科技的、艺术的、和谐的校园，这就是北京史家小学的中高年级部。

陶老看了我们的设计蓝图后非常高兴，提出绿色校园除了搞太阳能发电、太阳能供热、中水的处理、下沉式广场等的设计以外，还可以搞风力发电。陶老的提示使我茅塞顿开。我赶快找来了有关专家，在校园的二区空场上竖起了三台风车，安装了三个风力发电机。顿时，这三台风车成了校园的一景，成了绿色校园的象征。

史家小学漂亮的、现代化的新校舍建成了，它成了当时北京市现代化学校的标志性建筑。我们想请陶老在电视宣传片中讲几句话，陶老欣然同意。他在宣传片中说：卓立校长所倡导的和谐教育，实际上就是要引导学校妥善地处理各种矛盾，从而使学校在一个和谐的氛围当中，持续地、健康地得到发展，这对于建设有中国气派、中国特色、中国风格的现代化学校，应该说做了有益的探索，做出了突出的贡献。陶老的讲话给了我们极大的鼓舞。

2011 年，史家小学举行了和谐教育实施 20 周年庆典，陶老应邀参加了这个活动。在会上，陶老阐述了实施和谐教育的意义。他说："卓立校长提出和谐教育已经有 20 年了。党的十六大确立了建立和谐社会的目标，为和谐教育更进一步指明了方向。我们之所以提出和谐教育，就是为了建设一个和谐的社会。而要建立一个和谐的社会，就要培养和谐的人。要培养和谐的人，就应该有和谐的教育。史家小学现在所取得的成就，应该是和谐教育的重要成果。和谐教育提出的现实意义就在于我们要通过教育的和谐，使得我们的孩子们能够快乐、健康地成长。也就是说，我们不只是为了未来才提出和谐教育，而且也是为了现在而提出和谐教育。史家小学的实践、卓立校长的倡导、王欢校长在卓立校长所开辟的道路上继续引领史家小学的全体教育工作者向着更高的高峰攀登，这些确实是值得我们庆贺的。"在会上，他还明确提出了成为教育家校长的三条标准：第一条，有执着的教育追求；第二条，有明确的教育目标、教育理念，而且贯穿在学校的全部工作中；第三条，有显著的教育成效。更让我格外惊喜的是，陶老还为我准备了一件礼物，在会上送给我。那是他亲手拍的一幅盛开的桃花的照片，镶了精美的镜框。他祝我永葆青春，祝史家小学桃李芬芳。收到这珍贵的礼物，我激动不已。

2012 年 3 月，我们随着陶老去墨西哥参加联合国教科文组织年会。陶老是联合国教科文组织协会世界联合会荣誉主席，在国际教育交流事业中发挥着重要的作用。陶老在年会上做主旨演讲，他的风采，他对于教育的见地，赢得了世界各国与会代表的一致赞许。我们为中国教育在世界教育中享有的地位和影响力而感到自豪，特别为陶老在处理日本代表发难时表现出的睿智和大国风范所折服。

2013 年，我参与设计的、现代化的北京市润丰学校（简称"润丰学校"）全面建成了。在学校制作的宣传片中，陶老热情洋溢地鼓励我们：祝贺润丰学校落成！润丰学校是在卓立先生领导下的一所新的学校，这所学校要继续贯彻卓立先生倡导的和谐教育的理念。我相信，在和谐教育理念的指导下，润丰学校一定会成为先进教育思想的代表、教育改革的典范、培养优秀学生的摇篮。陶老的这段话为我们进一步推进和谐教育、办好润丰学校指明了方向。

2017 年，我为幼小衔接写了一本书，书名是《欢迎来到一年级：

幼小衔接家长手册》。我把书稿寄给了陶老，陶老在百忙中欣然作序——"心中有大局，眼里有细节"。陶老说："有什么样的教育，就有什么样的孩子；有什么样的孩子，就有什么样的未来。教育不仅关系到孩子的未来、家庭的未来，更关系到国家的未来、世界的未来。而现代教育的重要特点就是学校教育、家庭教育和社会教育共同构成了教育的主渠道。

"教育要从小抓起，而好的教育更要从大处着眼、小处入手。因此，最初的细节教育是最为关键的教育，既是为整个学校教育奠定基础的教育，也是影响孩子一生的教育。

"这本书很好地提供了学校和家庭如何紧密配合，做好孩子进入小学一年级时的最初的细节教育。学校教育工作者是以'教育'为专职的人，他们的工作任务是永远寻找、总结和运用最好的方法，处理好学生们知识与技能的掌握和核心素养培养的关系。父母也是一个职业，这个职业的工作内容就是：专门爱孩子。但是，这个'爱'的含义是多层次的。我们的父母们，不仅要做生物学和法律意义上的父母，而且要努力做教育学意义上的父母。今后还要学习成长为更多领域意义上的'父母'。教育工作者和父母们的努力目标因为孩子而合二为一，既然合作，就需要沟通。这套丛书，架起了这个桥梁。在这套丛书里，我看到一个在教育工作岗位上耕耘了50多年的校长的责任和情怀。我看到，在这套丛书中，大道理和大理论都含笑侧身站到最前面来的，都是细节——小学生在校园里的学习生活，大事小事；凡是父母们迫切想要知道的，而老师们苦于没有时间梳理、没有时间和父母们细说的，都在这本书里。

"心中有大局，眼里才会有细节。卓立校长这50多年的教育职业生涯，也是我们这个时代、我们中国教育家的成长之路。因为他始终在思考，什么样的教育是现在的孩子们需要的，是能够帮助他们面对未来的世界的。为了孩子们能够获得这样的教育，自己能够做些什么？我们看到，他一直在努力地思考，更看到他不遗余力地把思考的结果付诸行动，惠及一届又一届的孩子们。

"什么是教育家精神？我想，这应该就是。有定力、有创造、有担当，这就是教育家的精神。有定力，就是心中有大局，有对事业的热爱、对祖国的忠诚，有自己的教育见解和追求，在探索的道路上奋勇前行，永不懈怠。有创造，就是要勇于创新。教育要迎接挑战，就必须自觉把握和探索教育规律，教育不应被动地走向未来，而应当主动地创造未来。教育家要在教育的不同细分领域里，都成为教育规律的探索者，教育改革的实践者，教育创新的试水人。有担当，就是要有高度的责任感，认真负责。对国家负责，对社会负责，对历史负责。教育事业不会一帆风顺，有了担当，就不会因挫折而动摇，不会因嘈杂声音而迷茫。我想，这本书就是教育家精神的很好的见证。"

读着陶老铿锵有力的文字，思索着陶老永远鲜活的教育理念，循着陶老指出的教育改革的路径，我们一路走来，迎来了教育的春天。我想，这里边浸润着陶老的心血，也有着陶老追逐的梦想！

陶老的去世，让我们心痛不已，我们为失去一位和蔼可亲、大智大睿的教育家而感到万分悲痛。愿陶老驾鹤西行，一路祥云！

（本文系作者于 2020 年 9 月 10 日在陶西平先生追思会上的发言，收入本书时文字有部分调整）

永远缅怀您，亲爱的陶老

周　慰①

2020 年 4 月底，我与圣陶教育发展与创新研究院（简称"圣陶教育研究院"）的同仁们谈到陶西平老先生时，听说他身体正在恢复中，已从 ICU 出来了，我们都为他高兴，还一起兴高采烈地谈起了与他交往中许多令人感动的事，畅想着疫情过后，又可以跟着他与全球各地的教育界专家、校长们华山论剑，畅谈教育。万没想到，亲爱的陶老在 5 月 19 日永远离我们而去了，惊闻此讯，泪流满面，与他老人家交往的许多往事，不禁涌上心头。

我认识陶老是从聆听他的报告开始的。与很多校长一样，每次听他的报告，我和很多校长都有同样的感觉，陶老的报告既"高端、大气、上档次"，又"精准、尖锐、接地气"。其实，那是因为陶老始终对教育的内涵有着自己独特的理解，对教育的问题有着精准的解剖，对教育的历史有着深切的感悟，对教育的现状有着理性的分析，对教育的未来有着科学的预见。唯有此，其报告才有如此大的魅力。陶老的报告几乎没有一句话是重复的，给人震撼，促人省醒，催人深思。报告虽时间不长，而其与听众内心的对话和碰撞，却能久久回荡，绕梁不去……

我近距离接触陶老，是 2015 年 5 月的事。那时，我担任江苏师范大学附属实验学校的校长，在湖南师范大学附属中学召开的"2015 年中国高中教育发展论坛"上，陶老做了题为"适应新常态，深化普通高中改革"的主旨报告。受其报告的启发，我对学校机制的改革，有一些想法非常想当面请教陶老，遂请圣陶教育研究院执行院长姚炜引

---

① 北京圣陶教育发展与创新研究院副院长、江苏师范大学附属学校总校长。

荐。很快，中场休息时，陶老就单独见了我，我就"能否在公办学校中进行混合制办学的尝试""混合制办学模式的初步思考"等想法一股脑儿地向陶老做了汇报。陶老始终静静地、耐心地听，始终慈祥地看着我，从不打断我的叙述。说到一半处，湖南师大附中谢校长走了进来，邀请陶老转转校园，陶老意犹未尽，随即叫我陪他一起参观校园。我一边走一边说，陶老还是静静地听，并不插话，也不怎么问话。就在那一刻，我忽然悟到"聆听别人的声音"是教育工作者一种高贵的品质。陶老如此德高望重，高瞻远瞩，堪称当代教育界的一面旗帜、一座灯塔，但他却始终在凝神静气地聆听一个普通校长喋喋不休的叙述，这难道不是一种高贵的品质吗?！第一次近距离地接触陶老，他的人格魅力一下子就征服了我，待我将自己的想法全部表达完，他才缓缓地、非常认真地回应了我。他的大意是：混合制办学的模式，国家是提倡探索的，尤其对中等职业学校，国家的政策是鼓励的，对于高中、义务教育、学前教育的办学模式的混合制改革，尝试探索应该是可以的。我们在研究制定《国家中长期教育改革和发展规划纲要（2010—2020年）》时，曾有一条底线，那就是《纲要》中明确不能做的事，那就坚决不能做；而《纲要》中没有规定不能做的事，都可以尝试探索。他还笑着鼓励我说，你率先做个样子，进行尝试，以后我们去你那儿看看，进行调研。陶老对我的鼓励，至今历历在目，不能忘怀。当然，由于种种原因，混合制办学模式改革没能进行，那是后话。

与陶老再相遇，是在人民大会堂举行的"2016年高中国际教育研讨会暨中欧知名高中校长论坛中方代表团行前座谈会"上。中场休会时，我向严隽琪副委员长汇报了目前我国很多学校的校长缺乏活力的现状，并对其成因做了简单的陈述，当时陶老也在一旁，对我的陈述予以了肯定，他还建议教育部要组织专人就此问题进行深入调研。与陶老在一起，每一次都能得到他的鼓励，我感觉非常温暖。那天的会上，他的讲话再一次成为会场最有分量，也最能促进每个与会者深思的一份精神大餐。他的"现在是中国高中教育最好的时期，现在也是中国高中教育最难的时期"的即席讲话，从"教育规模不断扩大""教育水平不断提高""教育改革不断深入"三个层面阐述了"现在是中国高中教育最好的时期"这一论述，从"国计和民生""公平和选择""规范和自主""共性和个性""眼前和长远"五个维度诠释了"现在也是中国高中教育最难的时期"这一判断。"深入浅出""高屋建瓴""信息量大""前瞻性强"是我们大家对陶老讲话发自内心的共识。

同年 2 月，在陶老的率领下，我们来到法国巴黎联合国教科文组织总部，中欧校长们围绕着"培养创新精神和创业能力——高中教育面临的挑战"以及"教育信息化与高中教育改革"等话题进行了深入交流，享受思想的碰撞。整整一天半，陶老都在静静地聆听，一个 80 岁的老人，我们几乎没看到他走动，没看到他说话，他就那样端坐在座位上，聆听着、微笑着、思索着。中欧校长们在发言中，既有许多共识之处，也有观点相左之时，尤其在"信息化对教育的影响"等问题上，中欧校长们有比较大的思想分歧。会议结束前，我们终于等来了陶老的发言。他不用稿子，信手拈来，举重若轻——这成为当天中欧知名校长论坛上最亮丽的一道风景线。陶老将全球"对教育的信息化的研讨存在争议"的复杂局面，用通俗易懂的三个主义给予了阐述，即"批判主义：就是对教育信息化存在许多担心……""现实主义：就是把互联网或者信息技术在教育领域的应用，用我们最现实的评价方式来评价……""浪漫主义：就是引用乔布斯临终之前的三大预言之一。互联网将来要控制教育……"陶老的讲话，旁征博引，简洁明了，一下子就将纷乱的争鸣理清了头绪，他鼓励大家去研讨、去争论。他表示："我想这样的一些认识都是有意义的。因为批判主义可以让我们防止偏差，现实主义可以让我们重视实效，浪漫主义让我们向往美好的前景。我想，这三者结合起来会使我们对互联网和教育的关系认识得更全面。"点睛式的总结，让我们知道，争论的本身就是一种相互补充，没有对错，只有探索，事物都是在探索中发展的。

论坛结束的当天，天空蔚蓝，春风习习，在巴黎市区的一处草坪上，我们一起欣赏巴黎的美景。大家纷纷拿出手机，有的在拍风景，有的在与陶老合影。有意思的是，陶老请一位校长围着他跑一圈，他拿着手机一动不动的，固定在某个方向拍跑步者。这也是我第一次看到用静态的手机拍摄跑动中的人。拍完后，陶老让我过去看他拍摄的照片。我看到，一张照片上同一个人出现两次，在两个不同位置，有着不同的姿势。这是我第一次见到这样的照片，那一刻我忽然意识到陶老不老，他有一颗儿童心、好奇心、探究心、创造心……。时间也许是最无情的刻刀，但他却让自己永远活成了年轻人的模样。"陶老拍照"这件事看似普通，却给我留下了极其难忘的印象：年老和年轻其实与年龄无关，如果一个人拥有终身学习的能力、积极乐观向上的精神，纵使他已至耄耋，依然可以为社会做出远超年轻人的贡献；他的活力，依然可以对这个社会产生巨大的影响力。而我们这个时代，是多么需要像陶老这样有活力、有学习力的校长啊！

2016年9月，在山东枣庄实验高中举行的"2016年中国高中教育发展论坛"上，陶老做了题为"核心素养与高中教育的变革"的主旨报告。对我来说，这又是一场教育思想的饕餮盛宴，我意犹未尽，特意与徐州市教育局李运生副局长一起去拜见陶老，又跟他愉快地交谈起来……

后来我才知道，前日陶老在敦煌参加世界遗产大会，需要从敦煌到兰州转机飞到济南，再从济南坐高铁来枣庄，如此风尘仆仆，但是在会场休息的时候，他依然饶有兴致地听我介绍江苏镇江和徐州的教育情况——前者是我的家乡，是我整整服务了35年的故土；后者则是赋予我崭新的能量、让我再一次扬帆起航的第二故乡。我深深记得，我当时诚恳地邀请陶老来镇江、来徐州、来我的家中做客，他爽快地答应了我。没想到，温暖的声音还在耳边萦绕，慈祥的面孔却已阴阳两隔……

亲爱的陶老，您的远行，留给我们无尽的哀伤。然而，您对教育的那份情怀、那份挚爱，却深深地感染着我们；您的博学、博才、博雅及博大的胸襟，深深地折服了我们；您的睿智、严谨、充满着哲理的思想，深深地启迪着我们；您对教育前瞻性的展望、对教育未来的期盼，将永远地激励着我们。

您还是我心中那个永远年轻的人，我们永远怀念您！

（原载于绍兴网，2020 年 6 月 3 日，收入本书时文字有部分调整）

陶西平先生的最后一次讲演

姚 炜[1]

我与陶西平先生认识十余年了，记得我们的相识是源于民办教育。当时陶老是中国民办教育协会的首任会长，一直为民办教育的发展鼓与呼。同时，2008 年，陶老还与王本中先生等人发起创立了圣陶教育发展与创新研究院（以下简称"圣陶教育研究院"），并任首任院长。

2018 年，在圣陶教育研究院成立十周年座谈会上，陶老提出：研究院要努力实现专业性与群众性的结合、理论性与实践性的结合、本土化与国际化的结合、机动性与常规性的结合，以教育政策、教育科学和教育改革实践为研究对象，以影响政府决策和教育改革实践为研究目标，以履行社会责任为研究准则，将研究院建设成为较有影响的民间教育智库。十多年来，研究院秉承为我国教育事业的改革和发展服务的宗旨，在基础教育领域进行了多方面探索，参与了多个教育研究、开发和培训项目，建立了国内外广泛的社会联系，产生了一定的社会影响，赢得了良好的社会声誉。

在陶老的具体领导和指导下，我有幸参与圣陶教育研究院的工作。这些年，我深切地感受到，教育的改革与发展处于一个永不停歇的动态之中，随着时代的进步、科技的发展、学校和学生状况的变化而不断发展完善。因工作的原因，我多次聆听陶老的报告。他的每一场报告都是新的、经过认真准备的。他的报告信息量非常大，既有国际教育的最新信息，也有他对教育的最新思考；既有高端的前沿理论，也有一线的生

---

① 民进中央教育委员会副主任、北京圣陶教育发展与创新研究院执行院长、中国人民大学中小学德育研究所副所长、教育部中学校长培训中心兼职教授。

动案例。陶老的教诲与点拨给我以成长的力量，而他的仁爱和可亲，则带给我无尽的感动。

我于 2010 年发起举办"全国中小学校长论坛"。这个品牌活动迄今共举办了七届，很多教育名家都在论坛上做过讲演，分享过教育智慧与经验。2019 年 10 月，我们在中国人民大学附属中学召开了主题为"智能时代：中小学的挑战与选择"的第六届论坛，600 余位中小学校长和专家齐聚一堂，陶老做了《积极推动人工智能和教育深度融合》的主旨报告。他在报告中指出，要充分认识人工智能引发的教育变革的力量，不能低估人工智能对未来教育的影响，但人工智能并不是决定未来教育的唯一因素。年过八旬的这样一位智者，他的报告是预见未来的，他的思想是与时俱进的，也是具有引领性的。

其实，在筹备这次论坛时我们就知道陶老已有恙在身（已住院），但他心中仍然挂念着这个已经开展了五届的论坛。记得 2019 年 9 月 1 日上午，我去医院看他，我们聊了很久。从医院回来的路上，陶老给我发来了拟在第六届论坛上讲演的题目——"积极推动人工智能和教育深度融合"。10 月 20 日，陶老给我发来微信："我现在说话没底气，讲不了那么长时间，你告诉我几点讲，我赶过去，讲完就走。"10 月 23 日，陶老又发来信息："我可能要坐着讲。"10 月 25 日陶老做完讲演，我送他出会场，很多同仁都争着与他合影。那天，在大家与陶老合影后，我也和他合了影。没想到，这竟成了我和陶老的最后一次合影。陶老上车后，我给他发去信息："陶老，非常感谢您的支持和莅临。周日我去看您。"陶老回复："谢谢，周日我要准备周一的核磁等体检，以后吧。"没想到，这竟成了我们的永别，这次报告成为陶老为我们上的最后一课，也是他一生中的最后一次讲演。

陶老一生中的研究涉及教育领域的方方面面，他曾受邀做过无数次报告（因为工作的关系，我有幸当面聆听过陶老的上百场报告），有最高难度的报告、"最高水平的报告"、最新潮流的报告……

被陶老称作"最高水平的报告"的，是他在北京一零一中学郭涵校长办学思想研讨会上的报告。陶老在开会前一天才拿到郭校长的报告文稿，因此，只能在从韩国回国的飞机上，在万米高空上做PPT，连郭校长的照片，都是陶老从电脑里亲自挑选的。陶老在做报告时幽默地说，今天的报告一定是"最高水平的报告"。其实，类似的"高水平的报告"还有很多，因经常有机会与陶老一同出行，因此，我多次见证了陶老在飞机上认真准备下一场报告的PPT的过程。

还有"身体最不适时坚持完成的报告"。2016年9月，中国教育学会高中教育专业委员会学术年会在山东枣庄召开，我邀请陶老到会做报告。前日陶老在敦煌参加世界遗产大会，需要从敦煌到兰州转机飞到济南，再从济南坐高铁来枣庄。我从机场接到陶老后，陶老让我在他前面走，秘书贾伟跟在他后面。我不明白为何，陶老告诉我，他看东西是重影的，眼睛已经很不舒服。开幕式上，陶老在视力非常模糊的情况下坚持做了一个半小时的报告，讲完了他精心准备的100多页PPT。还有一次，陶老误把安眠药当成其他药吃了，但还是坚持做完了报告。季羡林先生曾说，考虑别人比考虑自己更多的就是好人。按照这个标准来衡量，陶老是个大好人，因为他心里总是装着别人。

还有很多"临时性的、没有时间准备"的讲话或讲演。如2017年，陶老出席首都师范大学附属小学的开学典礼。当天早上，陶老到学校后，典礼马上开始了，宋校长临时向我提出：能否请陶老讲几句话。当天陶老感冒发烧，很不舒服，我不忍心转达这样的请求，就请宋校长自己和陶老说。没想到，陶老欣然同意了。他在讲话中说：我们需要童心，并不是因为孩子们要童心，而是我们这个时代的所有人，所有的成年人，包括老年人都需要保持一颗童心，如果我们的教育不能真正适应保持童真、充满童趣、放飞童梦这样的需要，不能创造这样的环境，那么我们就会逐渐失去童心。我们的教育不要成为罩住孩子放飞自己梦想的玻璃罩，而是要给他们一个空间，这就是我们需要童心教育的一个原因。

陶老的讲演水平和惊人的记忆力每每让我们钦佩不已，他的每一场报告，几乎都可以直接作为文字稿刊发。

最近五年，陶老多次率团赴联合国总部、联合国教科文组织总部、北欧三国等地参加"中美知名高中校长论坛""中欧知名高中校长论坛""中法知名小学校长论坛""中芬知名高中校长论坛""中瑞知名小学校长论坛"等活动，力促基础教育国际交流与合作，分享我国教育改革经验与成果。2019 年 2 月，按计划，陶老要率团去英国访问，但我在 2 月 1 日突然收到了陶老的微信："这次突然发病，14 日伦敦之行不能前往了，非常遗憾。"同时，我收到了陶老发来的他躺在病床上的照片。那一段时间，陶老的身体已不太好，但他依然为了教育奔波。我想，这就是陶老，他就是这样一位心中有他人的大家。其实，这里只是罗列了陶老发言和报告中的极少部分，陶老将他一生的教育思想凝结成了四部著作，即"陶西平教育漫笔选集"系列：《大家不同　大家都好》《在反思中创新》《涌动的潮流》《为生命而为》。

现在，陶老永远地离开了我们，但他的教育思想将一直守候在我们身边，温暖每一位教育人。谢谢您，陶老，谢谢您人生中的最后一次讲演！

（原载于《教育家》2020 年第 37 期，收入本书时文字有部分调整）

金帆远航，让世界充满爱

鲁晓艳[1]

2020年5月19日的清晨，我们最敬爱的陶老永远离开了我们。陶老的逝世，使我们失去了一位具有丰富教育经验、宽阔教育视野、深刻教育思想和卓越教育领导能力的教育家。陶老热爱生活，喜欢音乐、艺术、摄影，他总是用乐观的生活态度、风趣的语言和对生活的热爱，温暖、影响着身边的每一个人，走到哪里，他都犹如冬日里的暖阳。

陶老一直领导和推动着我国民间教科文交流工作，他曾担任联合国教科文组织协会世界联合会荣誉主席、中国教育国际交流协会副会长、亚太地区联合国教科文组织协会联合会主席等职务，为我国教育国际交流事业做出了杰出贡献。但是，对北京的孩子而言，陶老还有一个特殊的身份，他是北京市学生金帆艺术团创始人。"金帆"二字，陶老解释说，是取"扬起理想的风帆，驶向成才的彼岸"之意。20世纪80年代，大部分中小学对"艺术教育"非常陌生，连选拔学生艺术团参加国际演出也相当困难。经过深入思考，时任北京市教育局局长的陶老决定，在北京大力发展中小学艺术教育，倡导建立学校艺术团体，在基础教育中广泛播撒艺术的种子。这便是此后大名鼎鼎的金帆艺术团的由来。回想当时，学校不重视艺术教育，音乐、美术课的课时被主学科"侵占"；家长不重视艺术教育，很多家长担心学生沉浸艺术会影响学习成绩。可想而知，金帆艺术团在推进过程中必然受到了很多的阻力。但是，时至今日，金帆艺术团已经成为北京中小学艺术教育，甚至是中国中小学艺术教育一张金光灿灿的名片，无数学生从中受益。在这32

---

[1] 北京一零一中实验幼儿园园长助理。

年中，陶老始终密切关注着金帆艺术团的发展，并对艺术团进行长期指导，时常亲自带领艺术团成员出征海外演出、比赛，展示中国青少年的艺术实力。

我常常会翻出手机里一直存放着的一首歌曲《我要飞翔，我要远航》，这是每次陶老作为中方代表团团长带着金帆艺术团去国外进行文化艺术交流时，最后金帆师生集体上台谢幕合影留念的背景音乐。每每播放，我心中总是感觉沸腾了一样，"这一刻终于到来，我要用我坚定不移的爱，登上金色梦想的风帆，飞向属于我的那片海……"。伴随着掌声，已经年过八旬的陶老会到舞台上亲切地与演出的孩子们一一握手、合影留念，然后每个学校的孩子们还会单独和陶老合影留念，陶老还会寄语鼓励大家。每一次这样的交流活动台下都是座无虚席的，当地的华人华侨、来观看演出的各界外国人士都共同见证了这一幕幕的精彩。这样的音乐从 2016 年到 2019 年分别 12 次回响在联合国总部、联合国教科文组织总部、林肯艺术中心、卡耐基音乐厅、斯德哥尔摩音乐厅、悉尼歌剧院等世界的多个著名艺术殿堂，共有数千名来自北京的金帆艺术团中小学生从长城脚下跨越千山万水，在以上艺术殿堂以民乐、管乐、交响乐、舞蹈、京剧、武术、合唱、话剧等多种艺术形式进行精彩纷呈的表演，充分展示了中华民族深厚的文化艺术底蕴，加强了基础教育国际间文化艺术的交流与互鉴。好多个这样的画面一直深深烙印在我们的脑海中。

一直以来，陶老极力地把中国的优秀传统文化和当代青少年的精神风貌介绍到世界各地，让更多的国际友人了解中国，认识传递中国文化的可爱小使者们。在访问途中陶老关注着孩子们的艺术素养的养成，关心着师生们的随行生活，更像是一位和蔼可亲的爷爷带着一群可爱的孩子。一次次国际金帆文化艺术交流活动都充分展示了中国优秀传统文化和中国中小学生的良好风貌，用"艺术"向世界传递祝福，用"爱"传播美好。

光阴荏苒，日月如梭。一转眼金帆艺术团已经成立 30 多年了，记忆一下子回到了 2017 年 5 月 1 日那天，在"让世界充满爱——2017 年中瑞中小学文化艺术交流暨纪念北京市学生金帆艺术团成立 30 周年斯德哥尔摩音乐厅专场演出"活动中，陶老亲自率团、600 多名北京市金帆艺术团师生和来自北京的近 20 名知名小学校长来到屠呦呦获诺贝尔生理学或医学奖后做学术报告的卡罗林斯卡医学院，聆听了 2014 年诺贝尔生理学或医学奖得主爱德华·莫泽博士与诺贝尔生理学或医学奖委员会主席安娜·维德尔博士的演讲，孩子们还在现场同他们进行了对话，充分展现了中国新一代青少年学生的自信和对科学的热爱。陶老曾说过："提高未来一代的科学素养是时代的要求。新一轮科技革命波涛汹涌，它将改变生产，改变生活，也将改变世界，改变人生。因此，教育必须承担起提高学生科学素养的历史使命。"所以，这些年来每一次金帆艺术团的国际交流不仅仅有文化艺术的交流，还有对培养孩子科学素养的科技、人文方面的教育交流。

陶老在金帆艺术团成立 30 周年时专门发去了贺信，他这样写道：

金帆艺术团已经进入而立之年，她以秀丽的身姿向世人展示着夺目的风采，我由衷地感到欣慰，并表示诚挚的祝贺。

30 年前，一叶小舟扬帆起航，承载着众多人的期望，在阳光的照耀下，航行在蓝色的海洋。如今，已是千帆竞发，一只船队乘风破浪，呈现出无比壮丽的景象。

金帆绘出一幅蓝图，勾画了学校艺术教育的远景。由提高带动普及，由普及支撑提高。

金帆吹响一声号角，掀起了学校艺术教育的高潮。由稚嫩到逐步成熟，由初学到引为自豪。

金帆耕耘一片田野，播撒了学校艺术教育的种子。由青苗出土到茁壮成长，由鲜花朵朵到根深叶茂。

金帆更是引来了一股清流，把美送进了校园，送进了每个人的心田。让人人发现美，欣赏美，创造美的人生。

我们忘不了艺术家们的谆谆教诲，忘不了辅导老师辛勤的汗水，忘不了那排练的日日夜夜，忘不了那演出后激动的眼泪。忘不了领导的关怀，忘不了外宾的赞美。因为我们永远忘不了塑造了一代又一代人美好心灵的金帆团队。

愿金帆继续远航，让更多的人驶向成才的彼岸，为了中国梦，为了在更加灿烂的明天有着更加美好的回味！

我想陶老的这段期许我们将始终铭记，并将永远延承他的初心与期待，"扬起理想的风帆，驶向成才的彼岸"。30 多年过去了，金帆艺术团已成为北京市艺术教育的名片，从最初的 600 余名学生发展到了拥有多个艺术门类、119 个分团和万余名团员的专业艺术队伍。金帆艺术团始终把提高学生的艺术素养作为前提，将落脚点放在育人上。在发展的过程中，金帆艺术团又逐渐融入了爱国、创新及集体主义等育人要素。金帆影响了好几代人，培养了数万名热爱艺术的少年走进艺术的殿堂，绽放最美的自己。我不禁想起陶老在金帆建团 25 周年时说的话："人们常说，生活中不是缺少美，而是缺少发现美的眼睛。其实，教育也不是缺少美，而是缺少自觉地进行美育。将美育的教育目标最终转化为自觉的教育活动，就是在创造美的教育。"他是这样说的，也是这样践行着的。他一路帮助、爱护着金帆，大家都称他是金帆的"鼓风人"。

陶老离开了我们，悲痛之情无以言表。自 1955 年从事教育工作以来，他始终是中国教育的亲力者、见证者、参与者、研究者、引领者。先生一生为教育留下了太多太多，尤其不能忘记他在文化艺术教育国际交流中，一直鼓舞着艺术教育的士气，感恩陶老为教育事业的付出。

最后，引用陶老最喜爱的诗歌：穿过漫长的岁月，我回来了，还是那颗头颅，还是那颗心……。我们将继续传递中国好声音，讲好中国好故事，让金帆驶向更加成功的彼岸，传递中华优秀传统文化、优秀文明，在世界的每个角落传递中国的友好，让世界充满爱，让人间撒遍情，让大地洋溢美！陶老的儒雅、博大、伟岸永留我们心中。

陶西平先生与北京汇文中学

北京汇文中学

2020 年 5 月 19 日，中国当代著名教育家陶西平先生与世长辞。北京汇文中学全体师生深切缅怀陶西平先生。

对于北京汇文中学的师生来说，陶西平先生不仅是一位德高望重的教育家，更是在过去 30 余年间，给予北京汇文中学的建设和发展多方面亲切关怀与悉心指导，对学校发展历史进程产生深刻影响的老领导、老朋友。

1989 年，北京市第二十六中学向市、区政府和教育主管部门提交关于恢复"北京汇文中学"校名的请示，这是学校结合当时北京市崇文区教学改革实验区的建设发展，考虑到汇文中学百年历史文化的传承，以及"汇文"二字对海内外学子爱国爱校之心的凝聚作用所做的决定，时任北京市教育局局长的陶西平先生全力支持"北京汇文中学"校名的恢复，并于 1989 年 9 月 24 日，出席"庆祝北京汇文中学建校 118 周年暨恢复校名大会"并讲话。他对学校办学历程中取得的成就、在中国近现代教育发展史上的地位给予肯定，对学校未来发展提出了殷切希望。

1992 年 7 月，北京汇文中学作为试点单位，在北京市乃至全国率先进行管理体制改革，陶西平先生亲自指导和推进了学校这次重大变革。学校出台了以扩大办学自主权，实行校长负责制、教职工代表大会制，改革分配制度为主要内容的管理体制改革方案，教职工的积极性、创造性空前高涨，教育教学取得突出成绩，进一步提高了学校的社会声誉，为学校后续发展奠定了坚实基础。"以整体优化思想对学校内部管理体制进行改革"，陶西平先生指导下的北京汇文中学改革实践，为基础教育系统全面推进管理体制改革提供了直接经验。

1985 年 4 月 6 日，联合国教科文组织在中国的第一个基层俱乐部在北京市第二十六中学（北京汇文中学）成立。陶西平先生长期领导与推动我国民间教科文交流活动，对基层俱乐部工作的开展给予前沿引领。1998 年 4 月 27 日，时任联合国教科文组织执行委员会委员、中国联合国教科文组织全国委员会主席的陶西平先生，于北京汇文中学举行的联合国教科文组织俱乐部最高级别会议——执行理事会上发表讲话，就可持续发展教育问题做了阐述。之后，他推动成立中国可持续发展教育全国工作委员会并担任指导委员会主任，促使"可持续发展教育理念"写入《国家中长期教育改革和发展规划纲要（2010—2020 年）》，这一理念深刻影响了中国教育的发展，更对北京汇文中学深化教育改革、完善办学理念和学生培养目标、办好人民满意的教育具有重要的指导意义。

2007 年 9 月 17 日，陶西平先生为北京汇文中学文化手册《百年汇文》作序。在序言中他指出："学校文化建设是一个很大的命题，它能够自然形成，但要想使其优秀而有生命力，则必须精心构建、长期培育才行。学校文化是学校的灵魂所在，因此学校文化建设需要长期坚持。如果一所学校真正形成了良好的学校文化，这将是一笔不可估量的财富。这笔财富也必将会推动学校如奔流的长河一般持续发展下去。同样的，文化建设是要有记忆的，没有记忆就没有积累，没有积累就谈不上文化，对学校文化进行梳理总结并形成成果的意义就在于此——让学校文化在继承与创新中获得持续不断的积累和发展。"陶西平先生基于"继承与创新"的学校文化建设的思考，既是对北京汇文中学学校文化建设成果的概括，亦为北京汇文中学之后的学校文化建设指明了方向。

2011 年 9 月 10 日，陶西平先生出席了北京汇文中学 140 周年校庆大会，他在演讲中说道："140 年漫长的历史积淀，成就了一所高质量、高水平的首都名校，写下了中国教育史上辉煌的一页。北京汇文中学在奋斗历程中所体现出来的自强不息、追求卓越，正是中国优秀教育工作者精神的生动写照。北京汇文中学是中国第一个联合国教科文组织俱乐部，它开启了中国迈向世界民间教科文运动的大门，成为推动中国教育对外开放的先行者，为中国教育走向世界做出了杰出的贡献。"他再一次充分肯定了学校办学成果及其在中国教育发展史上的重要贡献，这给予了在突破中发展的北京汇文中学极大的激励，坚定了全体教职员工迎难而上、继续为中国教育事业做出新贡献的决心。

"高风亮节，是名师的品格；博大精深，是名师的底蕴；与时俱进，是名师的精神。名师是一种社会评价，不是一种个人追求，更不是一种人为造星。所有名师都是在苦苦求索中奋进，在默默奉献中成长的。"正如陶西平先生 2006 年 2 月 14 日在为北京汇文中学《一代名师——纪念阎述诗百年诞辰》一书所做的序中对名师的总结，陶西平先生之所以被大家誉为中国当代著名的教育家，就在于其高风亮节的德行、博大精深的学养，更在于其皓首穷经、孜孜以求、与时俱进的教育家精神。几十年来，他将睿智的思辨与创造性的教育实践相结合，推动和引领着中国基础教育的发展。

北京汇文中学的建设和发展得益于此。

未来，尤可期。

先生，请安息。

永远的"主任" 不尽的"絮语"

——深切缅怀《中小学管理》编委会主任陶西平先生

沙培宁①

2020 年 5 月 19 日清晨，陶西平先生走了。

从此，吾等永失"主任"，刊中再无"絮语"。

在杂志社，"主任"是我们对陶老最亲切的称呼，虽不是什么"官称"，但在我们这里，它充满着力量，饱含着深情，蘸满了幸福。而他呢，虽然在中外教育界有无数个头衔，当过不少"大官"，但也时时刻刻如家人般惦念着、呵护着、温暖着、支持着我们。有一次他对我说：现在，我把七七八八的"主任"都辞了，就专心当《中小学管理》一家的"主任"了！

"主任"与我刊的情缘要追溯到 30 多年前。1987 年，在杂志筹办期间，时任北京市教育局局长的陶老敏锐地发现，当时全国还没有一本专为中小学管理干部服务的杂志，于是，将我们的办刊定位确立为"实践取向、聚焦管理"，以补空白，并亲任"家长"（首任主编、编委会主任）。

对杂志社的同仁而言，有"主任"在，我们心里就踏实，就清亮，就暖和。作为"家长"，他爱家切切，不仅在杂志社发展的每一个关键时期都为我们掌舵、导航、撑腰、解难，而且关注刊物每一期的内容和常态化的发展。当我们偏离办刊方向时，他批评、提醒；当我们干得漂亮时，他鼓励、点赞。每到一地、一校，走进图书馆、阅览室，他总要看看那里有没有《中小学管理》。记得好几次，他都兴奋地告诉我们：

---

① 《中小学管理》杂志社原主编。

我在某某偏远山区学校、某某国家的图书馆看到咱们杂志了，并把他亲自拍的照片发给我们。

在我们眼里，"主任"不仅是值得仰望的先生，也是离大家很近的"大家"。他纯纯的人性美与浓浓的人情味深深地打动着我们的心。比如，他在千忙万忙中多次赶来参加我们为即将退休的老同志举办的欢送会，并亲备礼品；他特别关心生病的职工，常问冷暖……。还有一件有趣的事：一次，他参加我们的一个活动，午餐时，竟和我们一起，到一个小粥铺吃肉饼、喝米粥。后来，我不止一次地听他跟别人"炫耀"："你们知道吗？他们杂志社请我吃午饭，十来个人，才花了一百多块钱！"第一次，我听着脸红；后来，越听越舒服，越听越得意，因为那份亲近，唯家人可享。

2019 年 11 月 29 日，我接到陶老秘书崔老师发来的一张照片，瞬间泪崩。照片上是一块小白板，白板上面有两"堆"歪歪扭扭的字。崔老师告诉我，因为眼肌、呼吸肌、吞咽肌无力，陶老已无法睁眼，无法自主呼吸与进食，只能靠呼吸机和鼻饲维持，医院已报病危。在此情况下，他闭着眼睛，摸索着在小白板上专门为我刊写了如下一些字："告诉中小学管理和沙姐，我的教育追求就是实现教育过程的整体优化。谢谢大家，我还是那颗心。"其中第一句话刚刚擦去，但字迹依然可辨。我即刻将此照片发给社里每一个他的"亲人"，大家无不唏嘘、悲恸。

当然，"主任"对《中小学管理》的关爱绝非囿于对一社一刊的私情私意，而是源于他对教育乃至生命之大情怀、大宠爱的一种释放与投射。

比如，他对我刊的主要服务对象——中小学校长充满深情。他在 2008 年第 1 期的《知心与知音》一文中说："在庆祝《中小学管理》创刊 20 周年这个令人激动和振奋的日子里，我最想表达的是对这本刊物的主要服务对象——中小学校长队伍的敬意。""校长队伍的忠诚值得我们敬重"，"校长队伍的智慧值得我们敬重"，"校长队伍的情意值得我们敬重"，他谆谆教导我们，要永远做校长们的知音，而在此方面，先生堪为典范。中国广袤的教育热土上，留下了他密密重重的脚印；他支持、鼓励、指导过的校长和教师当以千万计。因为他倾心地热爱过无数的校长、教师，所以，无数的校长、教师也倾心地热爱着他，珍藏着、传颂着他们与先生之间发生的一个个感人的故事。

又如，他在专业写作中表现出其深厚的教育情怀与独特的教育智慧。从创刊号的首篇"发刊语"，到 2019 年第 9 期《在迎接共和国诞生的日子里》，他在我刊共发文 164 篇。其中影响最大的，是 2007 年至 2019 年的 124 篇"絮语"。记得 2006 年 12 月的一天，我突然接到"主任"的电话："我想在《中小学管理》开一个'絮语'专栏，每期写一篇，你跟大家商量一下，看行不行？"自此，他老人家就自套"枷锁"，每月一篇，一写就是八年，其间从未中断。作为编者，我深知先生之难。那时，他常常出国、出差，每天上午、下午甚至晚间，都要连续做报告、开会。所以，几乎所有稿件，都是他硬挤出一点一滴的时间，在飞机上、高铁上或在会间休息时完成的，而且大多数邮件发来时都已是凌晨。之后，他身体渐弱，难以按月成文。一次，他对我说："我真的有点写不动了！"听罢，我心里万般难受，亦万般矛盾，既无比心疼他老人家，又实在不舍这个持续了八九年、深受校长欢迎的栏目，于是只能说："您随意吧，身体要紧。"再之后，他明显加大了供稿的间隔。但再再之后，我欣喜地发现，他又加快了写作的频率，我问他："您怎么又加劲地写起来了？"他说："最近出去，好多校长都问，您的'絮语'怎么隔几个月才有一篇，我们都等着看呢。"我赶紧说："您看，这可是校长们说的哈……"说完，我们都笑了。对于我来说，十几年间，编辑每一篇"絮语"的过程，都是深受教育与洗礼的过程，都是真切感受"主任"为人、为教、为研之无穷魅力的过程。近几年，陶老以"絮语"为主要内容，出版了几本随笔集，我也有幸部分地参与其间，并为其中的几部著作写过三篇书评，每次，陶老看完后都会谦虚地说："我没你说的那么好。"

最后，我想摘录自己在书评里的几段话，表达一下陶老留下的

"活的教育学"带给我们的多重感受与启迪——

"永不停跳的舞步"是对陶老教育行走状态的真实描摹。从他的文章中我们可以感受到他的仰观俯察、他的视野无边、他的心态开放、他的与时俱进、他的活力迸发、他的激情无限。……他总是能在别人止步的地方,向前一步;在别人司空见惯的地方,发现价值。他文章中的很多观点和首创的概念,都广为流传。多少年了,大家都已经习惯了在喋喋不休的争论中、在不知走向何方的迷惘时"听听陶老怎么说"。即使是在退出一线后,他依然以超强的价值领导力与思想引领力,在中国基础教育领域发挥着实际的、非权力性的领导作用。

他不但具有"一般的教育家"的特质,而且并不因为关注视野的宏博而牺牲自己的专业性。……他在高度关注最一般的教育问题,且持久保持权威发言席位的同时,又能轻松地驾驭有关基础教育几乎所有专业领域的问题。由于"贯通",所以他在教育的诸多领域中出入自由,既有自然磅礴的大气,又有举重若轻的从容。

与终极性的关怀相伴而生的是终极性的追问,这种追问牵引着我们找寻回到教育原点的路。陶老对教育理论与实践领域所做的种种积极的探索给予热情的鼓励,同时亦能冷眼观潮。在这一"热"一"冷"间,许多带有根本性的"真问题"浮出水面,促我们深思,助我们觉悟。

与袁隆平先生相似,他们的问题,都是从广袤的大地中生长出来的问题;他们的研究,都是基于田野、回归田野、天地融合、饱含现场感与生命感的研究;他们的成果,都是为大地带来希望、使生命更加丰满的成果。他们从不自说自话、沉于思辨,也从不云山雾罩、故弄玄虚。于他们而言,实践是最大的问题库,也是最大的资源库、最强的动力源。与一些学者所做的基于理论理性的偏外在的、偏客体性的种种"趋势研究"不同，陶老对"涌动的潮流"的关注，不是停留在相对平滑、明朗、光鲜的理念或理论的表层，而是沉潜到可能有暗礁、有湍流、有起伏的河床，有曲折的河道的实践的深层。

没有任何人逼他写什么，也没有任何功利的理由可以解释他为什么如此高产，为什么写得如此投入、如此辛苦、如此纯粹。他写，是因为他觉得自己"有责任写"、自己"有话要说"；他写得那么"实"、那么"深"、那么"杂"、那么"广"，是因为他的研究与写作从不囿于个人的理论偏好与学术口味；他最兴奋、最纠结、最在意、最关注的主题，全部来源于基础教育改革实践中的"原问题"与"真问题"。

陶老不仅是一线教育改革实践家的启迪者、导航者，也是他们贴心的倾听者、对话者、欣赏者和伴行者。因为心里装着大问题，所以哪怕是对实践细节的分析，他也能做到"微而不小"，理清"术"中之"道"，深掘"这样做"的意义；因为有对教育虔诚的敬畏、浓厚的情怀，所以，他能在与改革者的共情、共理、共为中，对他们有一份深深的"懂得"；因为以探究与解答实践者的真问题为己任，理实兼备而活用，所以他能像中医名家那样，辨证施治，一人一方；因为有经年累月的深厚积淀，所以，他的文字已淬化至深入而浅出、以生动的感性表达深刻的理性的自如境界。

他把半个多世纪积聚的对教育的热恋化为推动教育变革、追寻理想之梦的执着努力：没有谁给他规定工作量，但他却忙得让所有人都不敢在他面前说"忙"；他已经足够丰满了，却还像海绵一样不断地吸收。……他能为一个最普通教师的最普通的行为而感动，能随时随地汲取使自己生长的营养、促自己超越的力量。这样的追梦人永远是年轻……

　　在即将结束这篇永远也写不完的缅怀小文时，我想对敬爱的陶老说：我们永远的"主任"，您放心地歇息吧，我们会捧着您的那颗心，倾己所能，努力为您挚爱一生的中国基础教育续写精彩的、不尽的"絮语"！

　　（原载于《中小学管理》2020 年第 6 期，收入本书时文字有部分调整）

"我还是那颗心"

孙金鑫①

作为后学晚辈，我其实和陶西平老先生并不十分熟悉，《中小学管理》杂志社与北京教育学院的很多领导、同事都比我更熟悉和了解陶老。我能有幸来写陶老，一是因为他和我们杂志的特殊渊源，1987年《中小学管理》在他和学院老领导们的直接推动下创刊，陶老又先后担任首任主编（1987—1996年）和编委会主任（1997至他去世），我来到杂志社已18个年头，一直在陶老的影响与指导下工作；二是因为我后来和他老人家也有过一些接触甚至深度交流，他带给我的不只是关于何为教育、何为管理的专业影响，更是关于一个人何以为人、何以成为人、何以为了人的人生感悟。我一直期望能将自己的一点小心得说给他听，这次写作可能是我唯一的机会。当然最直接的原因是郭永福老会长给了我一个必须动笔的充分理由，我不敢也不能辜负郭老对我的厚望与厚遇。

一言九鼎的"主任"

我刚到杂志社工作时，是当时社里最年轻的"小字辈"。那时新世纪课程改革刚刚开始，教育改革、学校管理乃至杂志社自身发展中都有很多两难问题，社里经常会有大大小小的各种讨论。每当几方观点相持不下时，说话人只要搬出一句"主任那次说的是……"，争论往往就会到此为止，以"主任说的"为标准。这个"主任"是杂志社人对陶老的专有称谓。杂志筹办时，他一锤定音，明确了杂志的办刊定位与发展

---

① 《中小学管理》杂志主编。

方向；杂志创刊后，他亲自担任主编十年之久；杂志社成立编委会，他又开始担任编委会主任，从未卸任，所以在杂志社里，"主任"的称呼只属于他一人。我那时感觉，"主任"在大家心目中就像高山一样巍峨高远、不言自威、不可跨越。

但真正见到"主任"之后，我发现他并没有我想象中的那种"老领导"作风。每年的编委会，他是必来的。编委会基本是在年底开，所以我印象中的陶主任，多数是穿秋冬装的样子，外罩一件深色或米色长风衣，里面是一套干净利索的西服，戴着一条接近绛色的围巾，不马虎，不过分，讲究而不考究，没有一丝老气或官气，风度恰恰好，气度恰恰好。那时，杂志社人处处讲"平等"，开会也基本不摆桌签，但每次他进门后不用人带，就会直接坐到该坐的位置。

主任人往那儿一坐，谦和、安详、温暖的感觉就出来了，整个会议的气场就起来了。他来了，会议就开始了。一般他都是带着微笑听姬向群社长和编委们谈工作，大家或报喜，或报忧，或提问，或讨论。说好事时，他看着我们温和地微笑，把杂志社的老老少少挨个看一遍，仿佛在用眼神表扬我们；说难事时，他依然是微笑着听，只是眼神看向远方。但不管大家说了什么难事大事，最后在他那里，都被他去找谁谁谁、让谁谁谁再问问、谁谁谁再试试哪哪哪等等地一圈说下来，往往事情就那么接近解决或直接解决了。这种"四两拨千斤""百炼钢成绕指柔"的功夫，经常让我从内心钦佩不已。这不仅是领导能力，更是领导艺术了！

不"端着"的"老爷子"

一般会后，主任都会和我们一起再多活动下。他虽然已经从全国人大的领导岗位上退下来，但仍然在国内外多个重要组织中承担重要的领导工作，一年差不多有 200 多天都在世界各地飞，真的是"日理万机"。但每次来社里，他都尽量和大家多聚一会儿。当时杂志社人的书生气都比较严重，有时甚至会把重视礼仪视为形式主义，所以和陶老相处时也不怎么拘泥于那些"虚礼""小节"。开会、聚餐、唱歌，大家想说啥就敞开说，爱吃啥就敞开吃，爱唱啥就撒开了唱，说话只说心里真想说的，吃饭不记得给领导添茶，点歌只点自己爱唱的，不费心机去揣摩领导的心思和好恶。但饶是这样，老人家反倒更爱和社里人一起活动。我们年轻人"没大没小"，不怎么把他当领导"供"着，不和他"立规矩"，他也不和我们"端着"，不用我们紧张兮兮地"赔小心"。

沙培宁主编曾经写过他和我们一起喝粥的故事。那次我们活动完了都觉得肚子有点空，就呼啦啦裹挟着老爷子"打劫"似的冲进路边一家粥店，一结账发现才花了100多块钱，人均十来块钱，但老爷子还喝得挺香，说和我们一起吃饭"香"，吃的是真饭。姬向群社长、张葳老师、乔树宪老师退休时，他亲自来参加欢送活动，贴心地给他们准备退休纪念品。"资深少女"们把他"摆放"在中间当作花蕊一样拍照，他也配合地做出双手向天的姿势，像极了家里可爱的老顽童。

他觉得杂志社的人不装，真实，纯粹，不设防，让他放心，让他省心。我们也把他当作自己家里的长辈，后来连主任也不叫了，直接叫"老爷子"。我们个人从来没送过他什么，反倒是他有时还会带一点小礼物送给大家，我们嘻嘻哈哈一抢而空，也想不起给他回礼，有时一时兴起还常常"吃大户"让他买单，他都乐呵呵地看着我们"闹腾"。

这是他和大家最放松的时候。

"固执"的"老作者"

他可以纵容我们在活动时的"没大没小"，但如果您以为他好说话，没原则、没立场，那就大错特错了。他一直要求我们保持办刊定力，要对每一期刊物、每一篇稿件高度负责。曾经有一段时间，我们刊发的学理性的文章多了一些，他立刻指出来，要求我们尽快调整。

他在《中小学管理》上发表的稿件，基本由沙培宁主编亲自编辑。有时有些内容，他会特别嘱咐不要改。他平时在世界各地调研，都是小相机不离手，随时记录最新的教育发现，并很快在讲座和文章中呈现出来。他不用别人代写稿件，不用秘书做 PPT，所有文章和讲稿都是他亲自完成。所以他的写作风格与一般学者不同，没有一丝晦涩的学究气；他的写作风格也与一般行政管理人员不同，没有空泛的官样文章。他认真对待自己的文字，所以也不大愿意让别人随意改动。有一次他在大会上发言，我们想帮他整理下发言稿，他嘱咐说只用 PPT 上的内容就可以了。但我们从编辑规范的角度出发，做了一些小改动，结果老人家拿到初稿后，还是把编辑后来加上的内容给抹掉了。

至今我还清楚地记得自己和他那次跨洋"吵架"。那期我们约他写一篇关于拔尖创新人才培养的卷首文章。但在关于超常教育和英才教育的概念使用问题上，我们产生了严重的意见分歧。当时他老人家正在美国访问，直接越洋电话打过来，说如果我们坚持用编后的概念，那他就撤稿。因为我对这个领域稍熟悉些，就开始"引经据典"，争取保留编后稿，但他老同志就是不同意，说："你有你的立场，我有我的立场，我不要求你完全听我的，你也改变不了我。"我也不让步："现在形势和以前不一样了，研究和实践的背景都不同了，有些说法就是要重新考虑。"最后他急了，非让我改过来，不改就要撤稿。我也急了，我们都要印刷了，您说撤就撤怎么行呢？有没有点组织纪律性啊？不能撤！据说那天电话那端，一群老外都在那里等着他开始晚宴，但他却撇开一群人抱着电话和我"较劲儿"。后来我们各自退了一步。那是我在他面前最"肆无忌惮"的一次，也彻底领教了什么是沙老师所说的"老爷子有时候可固执了"的意思。我以为事情就这样结束了，没想到当天晚上（美国时间的第二天早上），他发来微信："请不要生气，我昨天态度不好，绝不是对你。""回来请你吃饭。"我看了，一颗心落下来，其实当时我的态度也很不好，同事后来告诉我说，当时满走廊里都能听见我在"嚷嚷"，以为我在和什么人吵架。我也没把他请吃饭的话当回事，以为他就说说而已，大人哄小孩一般都这么说，他老人家没把我拉黑，我就谢天谢地了。结果没想到，十天后，陶老突然发微信给我，说从美国回来了，要请我吃饭。我如约而去。我们没有再谈究竟是该超常还是该英才的事，我恢复了"小孙"该有的模样，他又变回了那个不计较的"老陶"。他嘱咐我，以后有什么想法直接和他说即可。

"还是那颗心"

其实那个时候他已经查出病灶了，但他一直瞒着这个消息。后来就不得不住院了，写稿的频率也降下来了。2019 年 5 月，他病情稍微稳定些，刚刚能出来见人，我和柴纯青社长、谢凡主任、杨晓梦主任一起去看他。他依旧关心杂志经营和改制的进展。当时他虽然人看起来还算精神，但我们心里都在隐隐地担心，希望他不要再劳神。但他并没听我们的劝，又开始参加各种活动。后来我感觉，他心里其实早已经对自己的病情有数了，只是借着这次强行复出，在和大家告别，在了他的各种心愿。

果然，他在参加完新中国成立 70 周年国庆典礼后，再次住院了。2019 年 11 月 29 日，在无法视物、无法自主呼吸与进食的境况下，他摸索着在小白板上专门留言："告诉中小学管理和沙姐，我的教育追求就是实现教育过程的整体优化。谢谢大家，我还是那颗心。"因为沙老师此时已经退休，所以他在给杂志社的留言上特地加上了"和沙姐"三个字。他在和杂志社全体人员做最后道别时，也不忘感谢一直编辑他的文稿的老编辑、老朋友。这个细节，让我们为沙主编心碎也欣慰。再后来，就是 2020 年新冠肺炎疫情袭来，陶老在医院 ICU 中接受隔离治疗，连就在这家医院工作的近在咫尺的女儿都不能去探望。

再后来，就是噩耗传来，教育界上下同悲。我参加了郑增仪老司长为陶老组织的追思会。会上，大家在追忆他的种种贡献。我提道："别人都在说'整体优化'，而我注意到的是'我还是那颗心'。"再后来，我们去京郊九公山，看到他最后安眠在青山碧草中。

他究竟是谁？

送别那天，山中气温已降，秋意已深，但秋菊簇簇，翠柏森森，山谷中回响着他生前最喜爱的乐曲《晚霞中的红蜻蜓》。疫情防控的要求仍在，但许多人还是从四面八方赶来了。我抑制不住地在想，究竟是他的什么魅力，让这些上至八十多岁的老者，下至二十几岁的90后，都因他而聚在这里，送他最后一程？很多人看到的都是他的管理成就、教育成就，而我则更愿意回归到一个"人"的角度来阅读他。"我还是那颗心"，这是什么样的"我"，"还是"有着一颗什么样的"心"呢？

我自知没有资格对一位德高望重的老前辈说些什么，但我们在他面前向来"没大没小"惯了，我想他其实也很不希望人们把他放在神坛上仰望，所以我更愿意用一个普通人的视角来聊聊对他的印象。

毫无疑问，他是一个上天眷顾的超常者。

陶老是北京四中的优秀毕业生，1954年以华北五省一市文科第一名的成绩，考上北大历史系。他是货真价实的高考状元，用当下网友们的标准划分，就是学霸之上的"学神"级人物；用英才教育研究的学术标准判断，他应该是一位超常儿童。有研究发现，最终成为英才的超常儿童，一般都具备四个主要特征：卓越性（智力等天赋品质）、自生长性（个性等人格特征）、产出性（外显的绩效或成就）、道德性（品德）。在与陶老接触的过程中，我们都能感受到他的超常天赋，他思维敏捷、思路清晰、逻辑严密、决策果断、表述得体，他能记住很多大小事件发生的具体日期和前后情境，也能记住很多日常琐事中的微小细节。虽然天赋超常只是为超常儿童成为英才提供了可能，但上天毫无保留地将这个"可能"赐予了他。

他是一个自主成长的逆袭者。

超常者的自生长性，就是指其具有显著的创造性人格特征，如对事物保持持续的好奇心、强烈的任务动机、丰富的想象力、坚强的意志力、强大的自信心、清晰的自我认知能力等。这些人格特征，是支撑超常儿童最终成为各领域杰出人才的重要保证。

陶老终其一生，自大学一年级即从北大病退后，似乎并没有再接受过正式的学历教育。仔细想想，他似乎并不是哪个学术圈的人，不属于哪个学校，不属于哪个专业，也没有创立哪个流派。他的学问，基本源于自学。他的大部分著述，都是在退休以后才发表的。我在中国知网上查到他在正式期刊上发表文章约 280 篇，1995 年之前，他只发表了 18 篇文章。应该说，在退休之前，他的影响力更多的是在北京、在教育实践领域；而退休之后，则影响了全国乃至世界，几乎覆盖了教育的所有领域。他在可以隐退的年龄，反倒开启了新的生命旅程，迎来了人生的鼎盛期和黄金期，支撑其逆袭的，可能就是这种强烈的"自生长性"。

他是一个永不停息的创造者。

怀念陶老的人跨越了各个专业和领域，可以说，是所有教育人都在怀念他，自上而下，从理论到实践，从庙堂到民间。他一生经历了多种岗位的磨砺，在每个岗位上他都选择了开拓创新。他不断进入新的领域，不断创立新的样态。时至今日，他当年首创或主创的一些工作，仍然在惠泽我们。他在任时，曾倡导创立北京市金帆艺术团，现在，所有的北京中小学生都以进入金帆艺术团为荣。他扶持中学超常教育实验，为超常儿童成长提供了更多选择，为国家英才教育探索了一条新路。他推动北京基础教育学校管理体制机制改革，提升了一大批中小学的办学质量，改变了中小学校长、教师的职业生态。他还有很多开拓性贡献，在此不再一一赘述。

对于《中小学管理》杂志社而言，我们对陶老在专业上遵从、在行动上追随、在情感上亲近，也是源于大家始终感念他的首创之功、擘画之智与扶持之德。1987 年，是他敏锐地发现，当时全国还没有一本专为中小学管理干部服务的杂志，于是，建议当时的北京教育行政学院将《中小学管理》的办刊定位确立为"扎根教育一线的学术期刊"，聚焦学校管理，坚持实践取向，并亲自担任首任主编。从此，中国基础教育界多了一份独特的管理类期刊，中小学校长们有了自己的办学参考读物。

陶行知先生说："敢探未发明的新理，即是创造精神；敢入未开化的边疆，即是开辟精神。创造时，目光要深；开辟时，目光要远。总起来说，创造、开辟都要有胆量。在教育界，有胆量创造的人，即是创造的教育家；有胆量开辟的人，即是开辟的教育家，都是第一流的人物。"陶老曾经用"永不停息的舞步"来形容北京教育学院温寒江老院长，而他自己又何尝不是如此呢？沙主编曾这样写道："他总是能在别人止步的地方，向前一步；在别人司空见惯的地方，发现价值。"这是对陶老最恰切的评价。

他是一个 Grit（坚毅）的信仰者。

那么，他的创新和创造的原动力又在哪里？早在 1949 年 8 月，还是初中生的他，就在北京大学民主广场庄严宣誓，成为最早一批新民主主义青年团团员。1955 年之前，他学业有成，家庭幸福，可谓少年英才，鲜衣怒马，天之骄子，前程似锦。但 1955 年之后，生活就开始向他露出了狰狞的面目，先是因病休学，后是在 1957 年刚刚 22 岁时就被划为右派，进了"牛棚"，个人生活也遭受重大变故。直到 1979 年 3 月 11 日，上级党组织宣布 1957 年把他划为右派是错误的，这时他已经年过不惑。据他的徒弟孙金英老师回忆，当天中午，他就提笔再次写下了入党申请书。虽然被冤枉了 22 年，但他依然深爱党，深爱这片土地。他认为，过往的遭遇不过是母亲对孩子的误解，孩子是不会记恨母亲的。1980 年 9 月 2 日，他实现了自己多年的夙愿，成为一名光荣的中国共产党党员。从团员到党员，他用了整整 31 年。

这是那个年代的人特有的情感，我们这一代人可以理解，但无法感同身受。22 年的委屈，没有成为他消沉或遁世的理由，反倒激起他争分夺秒的事业紧迫感和强烈的责任感。所以我们看到了一个一直与时间赛跑的改革者。这是一种什么品质？我不由得想到他在演讲和文章中多次提到的 Grit（坚毅）品格。Grit 是指对长期目标的持续激情及持久耐力，是一种包含了自我激励、自我约束和自我调整的性格特征。而他的长期目标，就是实现他始终不渝的信仰吧。

他是一个成就他人的托举者。

在他的安息仪式上，我看到有白发老人颤巍巍地用中国人传统的跪拜大礼与他告别："老师，我们永远也忘不了您。"他一生提携、扶持、关照、保护过无数人，很多人虽然不能到现场与他作别，但对他一样充满了感恩之心。

他对杂志社的发展，也始终关爱有加。初创时期，定方向，定宗旨，让杂志得以走上正轨，张瑞玲社长、张葳老师等创刊元老始终不忘其开创之恩。1997 年之后，姬向群社长、田中岳主编开始组建编委会，进行管理体制改革，他帮助谋划改革框架，向院里争取政策支持和资源保障。2008 年以后，沙培宁主编和柴纯青社长引领杂志进入内涵发展阶段，他继续担任编委会主任，并开始用每月一篇"絮语"鼎力支持杂志社的品牌拓展与学术品位提升。

2015 年夏，我在一次会议上遇到他老人家。他做完报告之后，大家围着他合影，等人都散去，我们也合影，本来我规规矩矩地站得比较远，老人家特地把我拉近了拍照。我知道他的意思，那个时候我刚接任主编，心里还有很多纠结和忐忑，他用这个小细节，在大家面前鼓励了我。

那时他健康状况已经不如以前，但为了支持我们的工作，依然继续担任编委会主任，仍尽量保持"絮语"文章的发表频率。杂志遇到转型难题和拓展瓶颈，他引领我们探讨新的营销渠道。我们组织会议，有时他实在来不了，就让我们以他的名义发出会议通知，发来贺信。2019年，我们进入 C 刊行列，这是创刊 32 年来从未有过之事，他真心地为我们高兴，热情地鼓励我们。

当然，正如沙老师所说："'主任'对《中小学管理》的关爱绝非囿于对一社一刊的私情私意，而是源于他对教育乃至生命之大情怀、大宠爱的一种释放与投射。"杂志社 10 年刊庆、20 年刊庆、30 年刊庆，他都亲自写贺词、主持会议、做学术报告，发动各级力量关心杂志的发展。他在《中小学管理》杂志上共发表 164 篇文章，占他在报纸期刊上发表文章的 51%，这是他对我们的信任、偏爱，也是他留给中国教育人的巨大精神遗产。这些闪耀着思想与智慧光芒的文字在读者中产生了非常广泛而深远的影响，成为当代中国基础教育发展中极为宝贵的精神财富和行动指南。"我的教育追求就是实现教育过程的整体优化"，这是老主任留给我们的临别嘱咐，更是一代老教育家留给所有教育人的殷殷嘱托。

他还是一个特别"有意思"的人。

自从"吵了那一架"之后，我们反倒交流多了。我发现，他不仅仅 PPT 玩得溜，美图的功夫也甚是了得。有一次我遇到点难题后情绪低落，他就发来一张 PS 过的图片，令人忍俊不禁。我想老人家这个年纪还有这种无邪童心、这种酷炫本领、这种技术水平，我们还唉声叹气什么，就又满血复活了。

唯大英雄，方真本色。曾国藩 48 岁时曾写下一副自勉对联："养活一团春意思，撑起两根穷骨头"。无论遇到什么艰难险阻，心中都永远充满勃勃生机与活力，充满对生命与生活的热爱与情趣，这是一代帝师的人生旨趣。而陶老的生活情致，也完全担得起"春意思"几个字。他歌唱得好，歌路甚广。从《莫斯科郊外的晚上》，到哀伤缠绵的《女人花》，再到当时正流行的《青花瓷》《菊花台》，他都能轻松驾驭。他还经常用原文唱外国歌曲，我们就奇怪他什么时候学的歌，什么时候学了这么多语种的歌。他的舞跳得也有板有眼，在那一代人里绝对算得上老王子了。陶老爱好摄影，曾经把他自己的摄影作品挂历送给我们。现在年轻人挂在嘴边的理想"喝最醇的酒，唱最潮的歌，吃最好的饭，看最好的风景，飞越最多的国界，见最有趣的人"，他似乎都实现了，且可能比年轻人能想象到的更精彩，真的是老"凡尔赛"了。

我视野有限，平生所见人物中，有大智慧大影响的人不少，但大智慧大影响的人中还这么有才有艺有情有趣的，大概唯有陶老。我后来终于有点明白了，他之所以有时候能和我们"疯"到一起去，是因为他本身可能就是一个爱"疯"的真性情的人啊！"好看的皮囊"与"有趣的灵魂"在他这里相映成趣。与他相比，我们的精神世界显得太枯萎、太贫瘠了，我们该反思和补课的东西太多了。今天，当我们呼吁还给孩子们游戏、锻炼、睡眠的时间，让孩子们有时间提升核心素养，激发孩子们自主发展的内动力时，他身上的这些品质显得尤为可贵。

他还是谁？我们并不知道

他还是谁？我们并不知道。毕竟，我真的对他并不熟悉。他的身边永远簇拥着一批人，但大部分人其实未必真懂他。但我敢肯定，他一定是没有忘记"心"为何物的人。我们每个人遇到的和看到的陶老可能都不一样。但所有不那么熟悉他的人，一起拼成了一个大家熟悉的他。我们又何必看到所有呢，我们只记得他让我们看到的那一面，他愿意让我们看到的那一面，他令我们景仰的那一面，就足够了。

穿过漫长的岁月，他回去了，"还是那颗头颅，还是那颗心"。

九公山下，人走，茶未凉。

2021 年 3 月 17 日

纪念卓越教育思想家陶西平先生

何　强①

山高水长有时尽，唯有思想日月明。

在我飘了 21 年的北京，在这个辛丑年清明前夕，有了一种别样的沉重和思愁，因为今年，要去给敬爱的陶老扫墓。而想起去年此时，我们大家还在想着很快就可以一起出游，听他一路讲那周游列国的故事和趣事，听他精彩的报告，听他唱那首《鸿雁》……。而今，斯人已逝，唯有悲怆！

在我心中，陶老不仅仅是伟大的教育家、社会活动家、外交家，更是长辈，是我记忆中从未谋面的爷爷辈的代言人，是我身边很多人的主心骨，是这个时代伟大的持续的思考者和行动派。作为他思想的追随者，作为有幸多次跟随陶老研学欧陆和神州大地的一名后生，有幸多次得到他的指导和思想熏陶，真是三生有幸。

为生命而为

曾几何时，我们总是在追问和自问，人生的意义是什么？

在联合国教科文组织国际论坛上，耄耋之年的他，在持续 4 个小时的会议中，一直全神贯注地听着来自五湖四海的中外校长、学者的发言，更是在最后的总结点评中巧妙引用大家的发言精髓，并配以国际国内的典型事例加以说明和升华，旁征博引、声情并茂，让现场中外嘉宾无不暗自称奇。

在戴高乐机场，当我们一行人都腿脚疲乏席地而息时，他却说，你

① 三好网创始人兼 CEO。

们累了就休息一下，我再转转，看，前面那个店的装修很有特色……

生命不止，生生不息。在我的记忆中，他一直身体力行、笔耕不辍，用行动诠释着为生命而为、为极致而生的高贵人生。

涌动的潮流

2018 年 11 月 2 日，一场高规格的论坛在北京一零一中学举行，与会的 1000 多名来自全国各地的校长认真听着一位智者的谆谆教诲，在连续几天的会议中，关于课改、教改和评改的各种讨论和思考，让会场所有人对这位压轴报告者的分享内容充满了期待，而最终所有人都没有失望，陶老做了题为"改革最终发生在课堂上"的演讲。他从赫尔辛基的一堂芬兰语课，讲到新技术和老师的关系，从自主学习和项目式教学，从学校管理者到教育管理者，从规范性标准化教学到创新性启发式教学的辩证演绎，从面向全体学生的普世到关注每个孩子的个性成长……这场逾 70 分钟的报告，居然全场无私语，全程无钝点。报告结束时，在持续的掌声中，所有人无不惊叹、感叹和赞叹。我想，这就是思想的力量、思想者的力度，这 1000 多人的会场涌动的潮流，不就是今天教育变革中我们的思想源泉吗？

在反思中创新

2019 年 2 月 6 日，正月初二，三亚 301 医院。

因连续的长途飞行，本来计划在三亚过春节的陶老因为旧疾复发紧急入院，用他的话说就是，一到医院医生直接给"扣"下了。闻讯之后，我和姚炜院长受众人之托匆忙前往探望。在病房，因为病情的关系他不怎么看手机了，他说刚好可以好好聊聊天，还非常关切我的二胎情况……

当天，我问陶老，您总是有很多新的观点、理解和思想呈现给我们，而且不是某一个阶段，而是这些年一直都如此，这一切的源泉是什么？您是如何理解创新，如何看待教育、学习的？

陶老给我们讲述了他从教的第一批学生和后来每年团聚的故事。他说教育是个熏陶感染的过程、启发的过程，学习是个反思的过程，反思是辩证的，不是一元的，是多元的，在反思中创新，在思辨中成长，在接纳中前行，教育最终是培养人向上和向善的力量。

在反思中创新，激发向上向善的力量，这不就是教育的根本目标和意义吗？

大家不同，大家都好

曾几何时，我们觉得世界是多么美好和谐。

那些时日，我们一行人和陶老一起在巴黎的街头闲逛，在上海和平饭店听着感觉有点闷闷的爵士乐，坐在德国保时捷中学的课堂里，在量贩式 KTV 唱那些我儿时似乎听过的歌，在瑞典林雪平大学的校园里看鸟窝，在苏州河边的茶馆听评弹小调……

疫情后的世界，似乎变了样。

我身边的很多人都更爱这个国家和更珍惜身边的人。但这个世界变化可不小，对抗似乎取代了合作，苟合掩盖了和平的善意，我们所处的国际关系似乎越来越复杂！

想起 2018 年 5 月 4 日，在瑞典斯德哥尔摩音乐厅举行的"放飞梦想拥抱未来"中瑞中小学文化艺术交流演出前陶老的致辞，他说："诺贝尔曾经说过，我是世界的公民，应为人类而生。今天，我们也抱着同样的愿望，期待着和世界人民一道构建人类命运共同体，共同放飞梦想，拥抱未来。"

陶老，今天的世界未必全部如您所愿，但我们都不会忘记您的勉励和衷心祝愿：只要人人都献出一份爱，世界终将变成美好的人间。

未来，终将如您所愿：大家不同，大家都好！

此为祭，为念，亦为记！

为伟大思想者陶西平先生祈愿，为助我佑我的贵人们祈福！

2021 年 3 月 17 日

北京清澈阁

给陶爷爷的一封信

李槟子①

敬爱的陶爷爷：

您好！

我是您一直关心和指导的李槟子。我非常想念您，虽然您已经永远地离开了我们，但我还是想给您写信，和您说说我的心里话。

记得在六年前，我第一次见到您，您摸着我的头跟我说："槟子，你要坚持写日记哦！把每天最精彩的事记下来。"虽然那时的我还不知道什么是"日记"，但从开始上小学那天起，我就在拼音本上做记录了。记得我的第一篇日记是用拼音写的，写的是"wo ai chao yang shi yan xiao xue"（我爱朝阳实验小学）。

在往后的几年里，我一直都坚持每天写日记。我的日记，篇幅从短到长；字迹从潦草到工整；内容从只记录自己的一点事情，到记录同学、老师、学校甚至国家的事儿。您还记得吗？每年，我都会把自己上一年的日记集送给您，请您审阅，您也总是不管多忙，都给我写下寄语和期望，这是对我最大的奖赏和鼓励，让我信心百倍地继续写下去。我清晰地记得您最后一次在我四年级的日记集上写道："槟子，苟日新，日日新。"陶爷爷，我明白您是想让我不仅像以前一样坚持积累，而且每天都要有新的进步，坚持写日记，让日记成为我生命中不可缺少的一部分。

敬爱的陶爷爷，虽然您已经离开我们去了天堂，再也不能给我签名鼓励了，但我要大声地对您说，我没有辜负您对我的期望，我一直在努

---

① 北京中学学生。

力做好每一件事，即便是在特殊的疫情下，我依旧坚持每天上网课、阅读名著，坚持每日锻炼打卡。我还特别关注自己身边的人和事，爸爸妈妈在为开学复课的事忙碌，我们所住的社区也实行了严格的防疫管理。我在电视上看到，咱们中国是疫情防控最成功的国家，我好自豪！从延迟开学到再次停课，再到放暑假，这期间我已经发表了四篇作文。

敬爱的陶爷爷，我非常想念您，每当我翻看您给我的日记上的签字和留言，您慈祥的面孔和亲切的话语就浮现在我的眼前，令我久久不能忘怀。苟日新，日日新，又日新！我会牢记您的寄望，珍惜每一天，努力学习，努力锻炼，不断塑造全新的自己。

此致

敬礼！

永远爱您的李槟子

2020 年 7 月 20 日

出 版 人　李　东
责任编辑　欧阳国焰
版式设计　孙欢欢
责任校对　张晓雯
责任印制　叶小峰

图书在版编目（CIP）数据

　陶西平先生纪念文集／罗洁主编. —北京：教育
科学出版社，2021.5
　ISBN 978-7-5191-2614-8

　Ⅰ.①陶… Ⅱ.①罗… Ⅲ.①陶西平（1935—2020）
—纪念文集 Ⅳ.①K825.46-53

　中国版本图书馆 CIP 数据核字（2021）第 079193 号

陶西平先生纪念文集
TAO XIPING XIANSHENG JINIAN WENJI

出 版 发 行	教育科学出版社			
社　　　址	北京·朝阳区安慧北里安园甲 9 号	邮　　编	100101
总编室电话	010-64981290	编辑部电话	010-64989527
出版部电话	010-64989487	市场部电话	010-64989009
传　　　真	010-64989419	网　　址	http://www.esph.com.cn
经　　　销	各地新华书店		
制　　　作	北京金奥都图文制作中心		
印　　　刷	保定市中画美凯印刷有限公司		
开　　　本	720 毫米×1020 毫米　1/16	版　　次	2021 年 5 月第 1 版
印　　　张	13.75	印　　次	2021 年 5 月第 1 次印刷
字　　　数	165 千	定　　价	32.70 元

图书出现印装质量问题，本社负责调换。